Tomaso Montanari
Le pietre e il popolo.
Restituire ai cittadini l'arte e la storia delle città italiane

© Tomaso Montanari, 2013
© minimum fax, 2013

Edizioni minimum fax
piazzale di Ponte Milvio, 28 – 00135 Roma
tel. 06.3336545 / 06.3336553 – fax 06.3336385
info@minimumfax.com
www.minimumfax.com

I edizione: marzo 2013
ISBN 978-88-7521-490-6

Composizione tipografica:
Sabon (Jan Tschichold, 1967) per gli interni
Futura (Paul Renner, 1928) e Filosofia (Zuzana Licko, 1996) per la copertina

Tomaso Montanari

Le pietre e il popolo

Restituire ai cittadini l'arte e la storia delle città italiane

minimum fax

Alla memoria di Mietta Mannori,
cittadina di Firenze

Negli ultimi anni ho cercato di articolare un discorso unitario sulla mutazione genetica delle cosiddette città d'arte italiane: ho tentato di farlo, per quanto possibile, su quotidiani (*Il Fatto Quotidiano*, il *Corriere Fiorentino*, il *Corriere del Mezzogiorno*) o sul web (nel mio blog sul sito del *Fatto*, e sul blog *Le parole e le cose*). È lì che alcuni brani di questo libro sono apparsi.

Per segnalazioni bibliografiche, critiche, scambi di idee e informazioni desidero ringraziare Francesco Aceto, Alessandro Angelini, Mario Ascheri, Novella Barbolani di Montauto, Emanuele Barletti, Paola Barocchi, Mirella e Maurizio Barracco, Roberto Bellucci, Jan Bigazzi, Caterina Bon di Valsassina, Mauro Campus, Maria Cristina Carratù, Luisa Ciammitti, Luca Cococcetta, Mario Curia, Consuelo De Gara, Rosanna De Gennaro, Nanni Delbecchi, Marco Demarco, Vittorio Emiliani, Elena Bianca Di Gioia, Paolo Fallai, Gino Famiglietti, Anna Fava, Cecilia Frosinini, Matilde Gagliardo, Giovanna Gaeta Bertelà, Louis Godart, Maria Pia Guermandi, Bernardo Isola, Giovanni Losavio, Paolo Macry, Paolo Maddalena,

Gerardo e Massimiliano Marotta, Guido Mazzoni, Franco Miracco, Maria Cristina Molinari, Elio e Roberta Montanari, Alessandra Mottola Molfino, Giulia Maria Mozzoni Crespi, Santa Nastro, Paola Pacetti, Roberta Pecci e Marco Moretti, Antonio Pinelli, Filippomaria Pontani, Paolo Rabitti, Maria Rita Signorini, Gian Antonio Stella, Eugenio Tassini, Lorenzo Vezzali, Luca Vigni.

La mia gratitudine per Francesco Caglioti e Salvatore Settis non riguarda solo la genesi di questo libro (che deve molto a entrambi), ma è legata alle comuni battaglie civili di cui si parla nelle prossime pagine.

Sono molto grato a Christian Raimo per averlo voluto, questo libro.

PREMESSA

Il mercato, si sa, tende ad universalizzare se stesso. Non coesiste facilmente con istituzioni che operano secondo principi antitetici ai suoi: scuole e università, giornali e riviste, organizzazioni senza fini di lucro e famiglie. Presto o tardi, tende ad assorbirle. Esercita una pressione quasi irresistibile su qualsiasi attività perché essa si giustifichi nei soli termini che riconosce: diventando un'operazione lucrativa.

Christopher Lasch, *La ribellione delle élite*

Il primo cittadino di una delle più importanti «città d'arte» del nostro paese ha recentemente trivellato gli affreschi cinquecenteschi che ornano la più grande sala civica del suo palazzo comunale per tentare di trovare un «capolavoro» perduto che possa alimentare il suo mito personale, e diventare il feticcio di un super-marketing turistico.

Matteo Renzi lo ha fatto contro ogni evidenza scientifica, calpestando il metodo e la comunità della conoscenza, usando il patrimonio storico e artistico come una clava, aggredendo e denigrando i dissenzienti. Ma, in tutto questo, la violenza mediatica è l'unica vera novità: da tempo, infatti, l'insopportabile retorica delle cosiddette «città d'arte» italiane nasconde lo stadio avanzato di una metamorfosi fatale.

Per secoli, anzi per millenni, la forma dello Stato, la forma dell'etica, la forma della civiltà stessa si sono definite e si sono riconosciute nella forma dei luoghi pubblici. Le città italiane sono sorte come specchio, e insieme come scuola, per le comunità politiche che le abitavano. Le piazze, le chiese, i palazzi civici italiani sono belli *perché* sono nati per essere di tutti: la loro funzione era permettere ai cittadini di incontrarsi su un piano di parità.

È per questo che la Repubblica – lo afferma l'articolo 9 della Costituzione – nel momento della sua nascita ha preso sotto la propria tutela il patrimonio storico e artistico della nazione: perché quel patrimonio è stato il luogo e lo strumento della formazione della comunità nazionale, visceralmente ancorata alle cento città d'Italia.

Lo storico e sociologo americano Christopher Lasch ha scritto che fra le ragioni del deterioramento della democrazia negli Stati Uniti va annoverata la

> decadenza delle istituzioni civiche, dai partiti politici ai parchi pubblici, ai luoghi d'incontro informali [...] su di loro, oggi, incombe la minaccia dell'estinzione, man mano che i ritrovi di quartiere cedono il passo agli shopping malls, alle catene di fast food, ai take away. [...] Gli shopping malls sono abitati da corporazioni di transeunti, non da una comunità.[1]

Commentando un famoso libro del sociologo urbano Ray Oldenburg[2] dedicato alla funzione politica e democratica di questi luoghi «terzi» (diversi, cioè, sia dall'abitazione domestica che dal posto di lavoro), Lasch nota ancora che le città americane hanno perso

---

1. Christopher Lasch, *La ribellione delle élite. Il tradimento della democrazia*, Feltrinelli, Milano 1995, pp. 101, 106.

2. Ray Oldenburg, *The Great Good Place: Cafés, Coffee Shops, Community Centers, Beauty Parlors, General Stores, Bars, Hangouts and How They Get You Through the Day*, Paragon House, New York 1989.

le attrattive cittadine, la convivialità, la conversazione, la politica [...] in pratica quasi tutto ciò che rende la vita degna di essere vissuta. Quando il mercato esercita il diritto di prelazione su qualsiasi spazio pubblico e la socializzazione deve «ritirarsi» nei club privati, la gente corre il rischio di perdere la capacità di divertirsi e di autogovernarsi.³

Queste parole descrivono con straordinaria aderenza ciò che è accaduto anche alle città italiane negli ultimi tre decenni. Con la differenza che i luoghi terzi, da noi, erano stati plasmati e consacrati da una delle civiltà artistiche più alte della storia umana.

Il valore civico dei monumenti è stato negato a favore della loro rendita economica, e cioè del loro potenziale turistico. Lo sviluppo della dottrina del patrimonio storico e artistico come «petrolio d'Italia» (nata negli anni Ottanta di Craxi) ha accompagnato la progressiva trasformazione delle nostre città storiche in luna park gestiti da una pletora di avidi usufruttuari. Le attività civiche sono state espulse da chiese, parchi e palazzi storici, in cui ora si entra a pagamento, mentre immobili monumentali vengono incessantemente alienati a privati, che li chiudono o li trasformano in attrazioni turistiche. Come in un nuovo feudalesimo, le nostre città tornano a manifestare violentemente i rapporti di forza, soprattutto economici: da traduzione visiva del bene comune a rappresentazione della prepotenza e del disprezzo delle regole.

Tutto questo non mette a rischio solo le città di pietre, condannate a un rapido e irreversibile declino. A essere distrutta è in primo luogo la cittadinanza come condizione morale, intellettuale, politica. Il primo sintomo di questo letale proces-

3. Christopher Lasch, *La ribellione...*, cit., p. 109.

so è la metamorfosi della funzione culturale del patrimonio, e della scienza che ci permette di conoscerlo: la storia dell'arte. L'industria delle mostre (meglio: dei Grandi Eventi) e le campagne mediatiche su singoli capolavori (spesso inesistenti) attaccano, esplicitamente e frontalmente, la conoscenza, la filologia, la storia, e inneggiano invece alle «emozioni»: non si rivolgono a un cittadino adulto, ma a uno spettatore, o meglio a un cliente-bambino. Questa miserabile retorica prevede che alle obiezioni scientifiche degli storici dell'arte che si oppongono ai singoli abusi del patrimonio non si risponda con argomenti razionali e verificabili, ma con l'esaltazione demagogica di ineffabili e incontrollabili «emozioni» dei comuni cittadini, contrapposte a un presunto elitismo della conoscenza.

Ed è una retorica tre volte menzognera: mente una volta, perché tenta di ammantare di un anelito democratico il marketing; mente una seconda volta, perché illude di far godere dell'arte senza nessuno sforzo intellettuale; mente una terza volta, perché toglie ai cittadini l'unico mezzo per costruire davvero la democrazia: e cioè proprio la conoscenza, che si dipinge falsamente come inconciliabile con l'emozione.

Eppure, questa retorica ha espugnato i luoghi più simbolici dell'educazione repubblicana. Quando si è trattato di celebrare il centocinquantesimo anniversario dell'Unità italiana, ci si è rammentati del nesso fortissimo tra arte figurativa e identità nazionale, e del ruolo centrale delle città: ma solo per negarlo e annegarlo in una terrificante mostra-evento (allestita prima nel mostrificio in cui è stata convertita la Venaria Reale di Torino, poi a Firenze) ottenuta incrociando un manuale di storia della pittura e una raccolta di vedute (il tutto condito da poche sculture e da qualche oggetto sparso). A visitare *La bella Italia. Arte e identità delle città capitali* montavano una depressione e una rabbia che si allentavano solo quando, finalmente, si apriva la porta di Palazzo Pitti sul Giardino di Boboli, e il sole di un incredibile ottobre fiorentino ricordava che una bella Italia esiste ancora, e per fortuna non è quella.

Il burocratico comunicato stampa diceva che «nel centocinquantesimo dell'Unità d'Italia, Firenze [...] non poteva mancare di rendere omaggio a tale felice ricorrenza». Ma l'Italia non è antologizzabile. Il nostro non è «il paese più bello del mondo» (secondo un celebre giudizio di Stendhal citato dagli organizzatori) perché possiede molte singole opere d'arte eccellenti, ma perché consiste in un tessuto continuo, unico al mondo, di chiese, palazzi, cortili, giardini, paesaggi. Sarebbe stato più intelligente e morale spendere quei soldi (più di un milione e mezzo di euro) per offrire un viaggio in queste famose città ai più meritevoli tra gli italiani che nel 2011 compivano diciotto anni, o magari per finanziare un film che ripercorresse criticamente la stupefacente serie dell'*Italia vista dal cielo* realizzata da Folco Quilici quarant'anni fa.

Quella effimera, e peraltro trascurabile, mostra fiorentina ha avuto il triste ruolo di riconoscere, anche ufficialmente e istituzionalmente, la perdita di ogni funzione civica del patrimonio artistico urbano, ridotto alla servitù turistica e all'alienazione intellettuale organizzata.

Proprio a Firenze, tuttavia, qualcuno torna a caricare di significati politici la città di pietre, i suoi monumenti e la sua storia. La storia dell'arte sembra riacquistare uno spazio nella propaganda del sindaco, giovane e ambizioso: ma si tratta di un ruolo strumentale a un cinico disegno di marketing personale, privo di ogni nesso con la polis e con la sua vera storia. Il patrimonio fiorentino ridotto da generazioni a cadavere da cannibalizzare finisce ora tra le fauci di una politica che si rivolge a individui raccordati dalla televisione e dai social network, in un rapporto senza mediazioni tra il leader e il pubblico: senza partiti, senza sapere critico, senza cittadinanza.

«Finché questo è riconosciuto come un pericolo, comunque, si può sempre sperare che la gente sappia invertire il trend suburbano della nostra civiltà, e riportare le arti civiche al loro posto, cioè nel centro delle cose».[4] La conclusione di Lasch rimarrà vera almeno finché le nostre città continueranno a ospitare cittadini capaci di interpretare, e quindi combattere, la mutazione genetica che esse stanno subendo.

È a quei cittadini che si rivolge questo libro. Che non è – non saprebbe essere – un'inchiesta sistematica o esaustiva sulle singole città di cui parla, né un trattato di sociologia culturale, o tantomeno di politologia.

È invece il tentativo di raccogliere, connettere e comunicare alcuni segnali di allarme che denunciano l'abuso delle cosiddette città d'arte: clamorosi nel caso di Firenze e del suo intraprendente sindaco, ma chiarissimi in molte altre città del paese.

4. *Ibidem.*

Le pietre e il popolo

CITTÀ SENZA CITTADINI

O patria mia, vedo le mura e gli archi
E le colonne e i simulacri e l'erme
Torri degli avi nostri,
Ma la gloria non vedo.

Giacomo Leopardi, «All'Italia»

Eclissi di Siena

C'è un motivo per cominciare da Siena. Qui nel 1309 si deliberò di

> fare scrivere uno statuto del Comune, di nuovo in volgare di lettera grossa, bene leggibile et bene formata, in buone carte pecorine [...] el quale statuto sia et stare debia legato ne la Biccherna, acciocché le povare persone et altre persone che non sanno grammatica, et li altri e' quali vorranno, possano esso vedere et copia inde trarre et avere a loro volontà.[5]

Una delle norme del Costituto, così si chiamava, prescriveva che

5. Per il testo e la storia della legge fondamentale senese si veda Mario Ascheri, Cecilia Papi, *Il «Costituto» del Comune di Siena in volgare (1309-1310). Un episodio di storia della giustizia?*, Aska, Firenze 2009.

[17]

intra li studi e solecitudini e' quali procurare si debiano per coloro e' quali ànno ad intendere al governamento de la città è quello massimamente che si intenda alla belleza della città, perché la città dev'essere onorevolmente dotata et guernita, tanto per cagione di diletto et alegreza de' forestieri quanto per onore, prosperità et acrescimento de la città e de' cittadini di Siena.

Dunque, proprio nei mesi in cui Dante scriveva la Commedia – dove innalzava la lingua figurativa di Cimabue e Giotto accanto a quella di Guinizelli, di Cavalcanti e di lui stesso – a Siena ci si preoccupava di dire che quella lingua di forme e figure era un fatto pubblico: la bellezza della città era legata direttamente all'onore dei cittadini, e doveva essere al centro delle preoccupazioni del governo comunale.

È proprio grazie a questa altissima e antichissima civiltà se oggi Siena è, e appare, come una città in cui le pietre e i cittadini hanno ancora un nesso vitale: la conchiglia della piazza del Campo, la Torre del Mangia, il Duomo sono luoghi che non solo rappresentano, ma in qualche modo alimentano l'identità comune dei senesi, senza alcuna retorica passatista, ma anzi con uno straordinario potere di attualizzare la storia nel senso migliore. Le singole comunità delle contrade, poi, punteggiano di luoghi ad alta densità simbolica tutto il tessuto cittadino: le fontanine dei battesimi contradaioli, gli oratori, le sedi, i musei delle vittorie del Palio sono altrettante vive giunture che connettono la città, e la sua storia, ai cittadini.

Eppure l'episodio più clamoroso di privatizzazione e messa a reddito del patrimonio storico di una città, l'esempio più degradante della trasformazione istantanea di cittadini in clienti, ha avuto luogo proprio sull'acropoli di Siena.

Se abbiamo ancora oggi il Duomo di Siena – con la sua foresta di statue, le sue vetrate, il suo pavimento unico al mondo – non lo dobbiamo alla clemenza del caso, ma al lavoro dell'Opera della Metropolitana, l'istituzione che da quasi ottocentocinquant'anni si occupa della manutenzione del gran corpo della cattedrale, sede dell'arcivescovo metropolita. Oggi, tuttavia, nubi tempestose si affollano sul destino di quella gloriosa istituzione: dove non hanno potuto la Peste Nera, la caduta di Siena e la dominazione medicea sta colpendo il cinico marketing del patrimonio artistico.

Un'interrogazione parlamentare della deputata del Partito Democratico Susanna Cenni ha rivelato che il 29 aprile del 2011 (festa di santa Caterina, la sanguigna patrona di Siena) l'Opera (che è una onlus con un volume d'affari annuo di sei milioni di euro) ha ceduto un ramo d'azienda (quello che si occupa di accoglienza, marketing e – tenetevi forte – iniziative culturali), con ben dodici dipendenti (i quali hanno fatto ricorso, impugnando la cessione), a una società privata con fini di lucro: Opera Laboratori Fiorentini, una controllata di Civita, che è la più grande impresa privata italiana che si occupi di gestione del patrimonio artistico pubblico. La cessione è avvenuta per un prezzo incredibilmente esiguo (42.000 euro) e, contemporaneamente, l'Opera della Metropolitana ha appaltato a Opera Laboratori quelle stesse funzioni. L'interrogante ha chiesto al ministro degli Interni (il quale, attraverso il prefetto di Siena, nomina i vertici dell'Opera) se questa singolare operazione non finisca per modificare occultamente la natura dell'ente, da onlus a normale azienda, rischiando inoltre «di mettere in discussione la centralità degli enti cittadini nella gestione del proprio patrimonio culturale, diminuendo attività e prestigio di una delle più antiche istituzioni italiane ed europee».

E i dubbi sono più che fondati, visto che Opera Laboratori Fiorentini è uno dei pilastri del discutibile sistema del Polo

Museale di Firenze così com'è stato costruito da Antonio Paolucci (l'ex soprintendente di Firenze, e dimenticabile ministro dei Beni culturali, attuale vicepresidente del Consiglio superiore dei Beni culturali della Repubblica italiana anche se direttore dei Musei Vaticani: e soprattutto presidente del Consiglio scientifico di Civita), e poi ereditato dall'attuale soprintendente fiorentina, Cristina Acidini. Pochi giorni prima dell'interrogazione che ha svelato la clamorosa transazione senese, un cronista del *Giornale della Toscana* ha annunciato di essere stato assunto come addetto stampa dell'Acidini, specificando che il suo stipendio sarà pagato proprio da Opera Laboratori Fiorentini: così quest'ultima impresa parteciperà a gare (per mostre, gestioni museali e servizi aggiuntivi) in cui dovrà essere selezionata dalla soprintendente a cui paga il portavoce.

Sarà il ministro dell'Interno, e poi forse la magistratura, a dirci se è in corso una mutazione genetica dell'Opera della Metropolitana. Secondo Italia Nostra e i suoi giuristi questa cessione è «palesemente illecita, illegittima e perciò nulla», perché avvenuta in violazione dello statuto dell'Opera della Metropolitana. In sostanza, Italia Nostra dice che quest'ultima istituzione non è un'azienda, non agisce per fini di lucro e deve continuare a operare per l'interesse pubblico: può, al limite, diventare (come è successo) una onlus, ma non già vendere proprie parti a un'azienda. Insomma, sarebbe come se – per rimanere a Siena – il Liceo Piccolomini cedesse alcune delle sue sezioni al CEPU, o se tre reparti dell'Ospedale delle Scotte fossero ceduti a una clinica privata. È per questo che Italia Nostra denuncia il fatto che tali contratti, «realizzando il soddisfacimento di un interesse privato», contrastano «clamorosamente con l'interesse pubblico».

Ma anche se non emergeranno implicazioni fiscali o penali, esiste un colossale problema culturale. L'Opera è un bene comune per eccellenza, chiamato da secoli a fare gli interessi della collettività, cioè a contribuire all'«onore, prosperità et accrescimento de la città e de' cittadini di Siena», per usare le parole del Costituto trecentesco: come si concilia con questa lunga storia l'idea di appaltare, e addirittura cedere, le sue iniziative culturali a una società privata con fini di lucro?

L'esperienza ventennale della concessione ai privati dei cosiddetti servizi aggiuntivi dei musei italiani «assomiglia ad una soluzione di abdicazione rispetto a competenze centrali da parte degli enti pubblici di gestione» (così, già nel 2009, Stefano Baia Curioni e Laura Forti, economisti della Bocconi).[6] Il mondo che vive delle concessioni del Ministero dei Beni culturali presenta molti lati oscuri, e non di rado appare un bizzarro ircocervo di clientelismo parastatale *d'antan*, marketing all'amatriciana, incompetenza e improvvisazione. Di recente, l'amministratore delegato di Opera Laboratori Fiorentini ha dichiarato che gli pare normale assumere i parenti dei dipendenti (magari illustri) del Polo Museale Fiorentino di cui è concessionario: «a parità di condizioni, scegliamo qualcuno di cui ci possiamo fidare».[7] Se il Mibac non fosse una perpetua sede vacante, i tempi sarebbero maturi per un azzeramento generale delle concessioni, e per un'azione di moralizzazione e trasparenza che smantelli i monopoli intorno a cui ruota questa silenziosa e implacabile privatizzazione e «mercatizzazione» della funzione civile del patrimonio italiano.

6. Stefano Baia Curioni, Laura Forti, «Note sull'esperienza delle concessioni per la gestione del patrimonio culturale in Italia», in *Aedon*, 3, 2009 (http://www.aedon.mulino.it/archivio/2009/3/baia.htm).

7. Alessio Gaggioli, «"Privati e familismo nella sorveglianza dei musei fiorentini". Esposto al ministero», *Corriere Fiorentino*, 8 luglio 2012.

La più grande holding del settore è proprio Civita, nata nel 1987 – così si legge nel sito – dalla «straordinaria intuizione di coniugare il mondo della cultura con quello dell'imprenditoria». Nell'estate del 2009, cioè nel momento in cui Civita Servizi acquista – è sempre il sito – «la maggioranza del capitale di Opera Laboratori Fiorentini, un'importante Società nel settore culturale che, tra l'altro, gestisce la Galleria degli Uffizi», i vertici dell'Associazione Civita sono così composti: presidente onorario Gianni Letta, presidente Antonio Maccanico, vicepresidente Bernabò Bocca, segretario generale Albino Ruberti, direttore Giovanna Castelli. Alla stessa data, il presidente di Civita Servizi è Luigi Abete.

Cosa vuol dire affidare a una simile piramide di interessi economico-politici e di boiardi del para-Stato la «gestione» degli Uffizi? Cosa vuol dire cedere alla stessa struttura le «attività culturali» dell'Opera del Duomo di Siena?

Vuol dire, per esempio, che quelle attività culturali non obbediranno alle regole della conoscenza, ma a quelle del marketing, e che non si rivolgeranno a cittadini, ma a clienti. Una prova? Pochi mesi dopo la cessione a Civita, nell'estate 2011, nella cosiddetta «cripta» sotto il Duomo è stato esposto il *Battesimo di Gesù* di Tiziano dei Musei Capitolini di Roma (gestiti da una società sorella di Civita, come vedremo). L'invito diffuso da Civita affermava che «l'eccezionale prestito dell'opera, che si allontana per la prima volta dalla sua tradizionale sede espositiva, è l'occasione per un dialogo tra il capolavoro di Tiziano e le opere permanenti del complesso monumentale del Duomo di Siena».

E, se non ci fosse da piangere, ci sarebbe di che sbellicarsi dalle risa. Un'opera del primo, giorgionesco Tiziano lascia la sua sede per sprofondarsi in un contesto da archeologia medievale, a «dialogare» con gli affreschi duecenteschi attribuiti a Guido da Siena e compagni: il che ha lo stesso valore culturale di «far dialogare» una lacca giapponese con una lavatrice, o una sequoia con una pizza margherita.

Ma è solo l'inizio. Dall'altra parte della piazza del Duomo sorge l'antico ospedale di Siena, Santa Maria della Scala, un monumento di rilievo internazionale. Tanto vasto e articolato (200.000 metri cubi) da avere una dimensione più urbanistica che architettonica, il complesso nasce nel Medioevo come ospizio per i pellegrini che percorrono la Francigena, e si accresce fino a occupare tutta la sommità dell'«acropoli» senese. A Siena arte e cittadinanza sono sempre andate a braccetto, e nel corso dei secoli l'Ospedale della Scala si è rivestito di spettacolari opere d'arte: dagli affreschi quattrocenteschi che coprono il Pellegrinaio (la corsia per i pellegrini), a quelli del Vecchietta e di Domenico Beccafumi, fino alla gigantesca *Piscina probatica* srotolata sull'abside della grande chiesa interna da Sebastiano Conca. E poi il tesoro, le rarissime corsie ospedaliere medievali, cappelle, oratori, strade coperte, sotterranei strepitosi. Che fare di tutto questo ben di dio? Una volta tanto gli storici dell'arte avevano avuto le idee chiare. Nel 1968 il senese Cesare Brandi scrisse sul *Corriere della Sera* che bisognava sloggiare gli ultimi apparati sanitari dall'ospedale: «E appunto perché unico al mondo dobbiamo vederlo in funzione, con i suoi letti e i suoi ammalati? Insomma questa indecenza deve finire. Il Pellegrinaio si deve poter vedere: come un museo, perché è un museo». L'idea – poi abbracciata con straordinaria forza da un altro grande storico dell'arte, Giovanni Previtali – era quella di trasformare la Scala nel Museo di Siena per eccellenza. Il progetto prevedeva di portarci la Pinacoteca Nazionale (ancora oggi in ambienti assolutamente inadatti, e ora anzi messa a rischio da un demenziale progetto di smembramento per epoche) e il dipartimento di Storia dell'arte dell'università: mostrando così visibilmente cos'è un museo, e cioè in primo luogo un centro di produzione di conoscenza. È per questo che il Comune di Siena comprò e sistemò al Santa Maria la biblioteca di uno dei più importanti storici dell'arte italiani, Giuliano Briganti. Ed è sempre per questo che lì hanno sede anche il Museo archeologico e un centro d'arte contemporanea.

Ma tutti questi frammenti non sono stati mai connessi tra loro, e il grande progetto di Brandi e Previtali non si è realizzato. Perché, a un certo punto, il virtuoso «sistema Siena» si è involuto in un gorgo di clientelismo provinciale che ha inghiottito anche il Santa Maria. L'enorme quantità di quattrini che il Monte dei Paschi faceva piovere sui buoni e sui cattivi ha portato a una degenerazione in cui non contavano più la qualità del progetto, o la qualità delle persone, ma l'affiliazione e la spartizione. È così che la Scala è divenuto uno scatolone per eventi e mostre (alcune – come quelle su Duccio, o sul primo Rinascimento a Siena – belle e importanti, altre pessime, come *Arte, genio, follia* del 2009), finendo per trasformarsi in una fondazione controllata dal Comune, e non (come invece avrebbe dovuto) in un istituto di ricerca finanziariamente autosufficiente, e soprattutto separato dalla politica. Ora che il Comune è commissariato, l'università è semifallita, e soprattutto il Monte dei Paschi è sprofondato in un baratro finanziario, l'acropoli di Siena rischia di diventare la simbolica tomba dell'idea di cultura come bene comune.

E la lapide potrebbe scriverla ancora una volta Civita. In un'intervista concessa al *Corriere di Siena* nell'ottobre 2012, l'economo della Curia di Siena monsignor Giuseppe Acampa ha detto apertamente ciò che molti dicevano in privato, e cioè che nel futuro dell'antico complesso ospedaliero potrebbe esserci una gestione unica con il Museo dell'Opera della Metropolitana, e con il Duomo stesso. Questo vorrebbe dire trasformare la Scala nell'ennesimo luna park di lusso delle «città d'arte»: qualcosa che serve non ai cittadini, ma a dei clienti, o a degli spettatori. Dunque si punterà sui cosiddetti «capolavori» della Pinacoteca (e ci si chiede se il resto finirà in deposito, o in un museo di serie b), sui Grandi Eventi, sulle mostre-format di cassetta, sui ristoranti e sul merchandising. In questo caso non servono un progetto intellettuale, né un comitato scientifico. Basta un progetto di gestione, meglio se legato alle dinamiche del governo (e del sottogoverno) locale.

La proposta di monsignor Acampa va con tutta evidenza in questa seconda direzione. È possibile affermarlo perché l'Opera della Metropolitana, a cui si propone di conferire la gestione della Scala, ha già fatto questa identica scelta cedendo le sue attività culturali a una società privata: scartando così l'ipotesi di fare ricerca e produrre conoscenza, e preferendo fare intrattenimento culturale a fini di lucro, come è apparso evidente nell'ultima ostensione del pavimento del Duomo, rigorosamente a pagamento.

In una delle molte assemblee spontanee dei lavoratori della conoscenza e dei cittadini che nell'autunno del 2012 hanno cercato di opporsi alla chiusura e alla mutazione del Santa Maria della Scala, lo studente di storia dell'arte Giulio Burresi ha letto alcuni magnifici versi dedicati a Vermeer da Wisława Szymborska: «Finché quella donna del Rijksmuseum / nel silenzio dipinto e in raccoglimento / giorno dopo giorno versa / il latte dalla brocca nella scodella, / il Mondo non merita / la fine del mondo».

Ma mentre la *Donna che versa il latte* di Vermeer è conservata in un museo pubblico, il pavimento del Duomo di Siena presto potrebbe diventare privato: «Quanti, col piè fangoso, nulla curanti calpestano il bellissimo pavimento della chiesa cattedrale di Siena?»,[8] si chiedeva, nel 1660, Daniello Bartoli. Il grande scrittore gesuita si lamentava di coloro che non facevano caso alle tarsie marmoree, calpestandole. Dopo trecentocinquant'anni, questa domanda torna terribilmente attuale, anche se spostata sul piano metaforico: oggi è il piede fangoso del mercato che calpesta un inestimabile bene comune.

Milano senza Stato

Chi saranno i nuovi padroni della Pinacoteca di Brera? Non più i milanesi, né il popolo italiano: o almeno non solo.

Il Decreto Sviluppo varato dal ministro dello Sviluppo economico Corrado Passera il 26 giugno 2012, infatti, non si occupa solo di edilizia, trasporti o settore energetico, ma – all'articolo 8 – stabilisce che

> a seguito dell'ampliamento e della risistemazione degli spazi espositivi della Pinacoteca di Brera e del riallestimento della relativa collezione, il Ministro per i beni e le attività culturali nell'anno 2013 costituisce la fondazione di diritto privato denominata «Fondazione La Grande Brera», con sede in Milano, finalizzata al miglioramento della valorizzazione dell'Istituto, nonché alla gestione secondo criteri di efficienza economica.

Il decreto prevede «il conferimento in uso alla Fondazione, mediante assegnazione al relativo fondo di dotazione, della

---

8. Daniello Bartoli, *La ricreazione del savio in discorso con la natura e con Dio* (1659), Marietti, Torino 1838, p. 6.

collezione della Pinacoteca di Brera e dell'immobile che la ospita», e prevede l'ingresso, come soci, degli enti locali lombardi e, quindi, di «soggetti pubblici e privati».

Solo la prematura fine del governo Monti ha per ora bloccato il primo grande passo verso la privatizzazione di uno dei principali musei italiani. Un passo sulla cui costituzionalità ci sarebbe molto da dire: possibile che conferire l'intera collezione di Brera a una fondazione di diritto privato non leda l'articolo 9 della Carta? Ma i problemi non sono «solo» di principio.

Esiste un unico precedente, quello del Museo Egizio di Torino: e non è un precedente brillante. E non tanto per la folcloristica presidenza di Alain Elkann, quanto per le gravi e paradossali conseguenze di una «privatizzazione all'italiana». Le collezioni dell'Egizio sono state devolute alla Fondazione solo in parte (spezzando tra giurisdizioni diverse complessi archeologici unici), il personale scientifico ha optato per rimanere nello Stato (privando il museo della più essenziale delle sue componenti) e il Consiglio di amministrazione ha nominato la direttrice senza nemmeno consultare il comitato scientifico. E le cicatrici di tutti questi gravi errori, solo in parte recuperati, sono ancora ben visibili: dal 2005 a oggi, per non citarne che una, non è stato pubblicato un solo catalogo scientifico della collezione a spese e a cura della Fondazione, interrompendo la serie iniziata negli anni Sessanta del Novecento, ma soltanto guide turistiche: l'Egizio, in altre parole, è uscito dai radar dell'egittologia mondiale, per avviarsi a diventare un luna park dell'antico.

Ora, ci si chiede, come si comporteranno gli enti locali lombardi, una volta insediatisi sulla plancia di comando della nuova Fondazione? Sarà bene non dimenticarsi che fino a qualche tempo fa ci saremmo potuti trovare Nicole Minetti alla presidenza di Brera: e ora non sarebbe strano vedercisi insediare un Roberto Formigoni in ritirata.

L'invadenza degli enti locali nei musei di livello e interesse nazionale è un nodo cruciale: non a caso tra i sostenitori di questo tipo di soluzione si conta Dario Nardella, il vicesindaco di Matteo Renzi a Firenze, che come giurista caldeggiava già nel 2003 la cessione degli Uffizi a una fondazione in cui gli enti locali avessero un peso decisivo. Altro che baloccarsi con l'idea di costruire la facciata michelangiolesca di San Lorenzo, o di cercare il Leonardo fantasma sotto il Vasari di Palazzo Vecchio: alla fine di questo libro potrete immaginare l'escalation di strumentalizzazione politica della cultura se un Renzi avesse la facoltà di nominare il direttore degli Uffizi.

Ma il punto più grave è un altro. Il decreto di Passera (in quel momento ministro, di fatto, anche dei Beni culturali, vista la sostanziale sede vacante determinata dal sonno del professor Lorenzo Ornaghi, titolare di quel dicastero nel governo Monti) dice che il fine della Fondazione saranno la valorizzazione (eventi, mostre, visibilità mediatica) e la diminuzione dei costi di gestione. Ma un museo come Brera è soprattutto un istituto di ricerca: che riesce a comunicare il suo patrimonio ai cittadini solo in quanto è in grado di produrre e innovare continuamente la conoscenza delle opere che conserva. E la stella polare del cda della Fondazione Brera non sarà certo la scienza, ma il marketing: e così un altro polmone di libertà intellettuale passerà sotto il ferreo dominio del mercato e del denaro.

Di fronte all'appello contro tutto ciò, sottoscritto da moltissimi intellettuali nell'estate del 2012, il ministro Ornaghi ha smentito di voler privatizzare, ma ha contemporaneamente dichiarato che la sua missione principale, nel caso di Brera e non solo, è quella di «trovare finanziatori privati illuminati».[9] Ma quale progetto di nazione tradisce un'affermazione come questa? Certo non il progetto che la nostra Costituzione ha tracciato.

Con l'articolo 9 della Carta il patrimonio storico e artistico cambia funzione: dopo secoli in cui esso ha rappresentato il dominio dei sovrani degli antichi stati italiani, ora esso rappresenta visibilmente la sovranità dei cittadini. Di più: esso è uno straordinario strumento per costruire l'eguaglianza sostanziale dei cittadini e attuare l'unità nazionale. Brera appartiene a Mario Monti come al portiere del suo condominio; a un milanese come a un pugliese. E lo garantisce il fatto che Brera sia mantenuta con le tasse di tutti, e il fatto che sia governata da storici dell'arte assunti, per merito, con un concorso pubblico.

Conferire Brera a una fondazione vuol dire spezzare questo fascio di significati. Quando l'assessore alla Cultura della giunta Pisapia, Stefano Boeri, plaude alla scelta del ministro, conformandosi alla «Milano ornaghiana», lo fa sostenendo che in tal modo il museo sarà più vicino al territorio: ma questo miope cedimento culturale al leghismo non tiene conto del fatto che Brera appartiene invece a tutta la comunità nazionale, anzi ne è un'epifania, un segno visibile. Quando gli enti locali lombardi nomineranno i vertici della «loro» Brera, e quelli campani faranno altrettanto con il loro Capodimonte, cosa rimarrà del progetto per cui i costituenti vollero il patrimonio «della nazione» tra i principi fondamentali dell'Italia nuova?

E quando Ornaghi cerca «finanziatori illuminati» fa regredire il patrimonio artistico a una condizione di dipendenza

9. Così Ornaghi rispondeva a Paolo Conti, sul *Corriere della Sera* del 23 agosto 2012.

dalla ricchezza privata: una minoranza da *ancien régime*, aggravata tuttavia da un fatto capitale. La ricchezza privata, in Italia, drena la ricchezza pubblica attraverso un'evasione fiscale così massiccia da renderci interlocutori non credibili agli occhi degli altri stati membri dell'Unione Europea. Dunque, da una parte lasciamo illecitamente la ricchezza nelle tasche private a detrimento della cassa pubblica: e poi mendichiamo l'aiuto della ricchezza privata per preservare il patrimonio artistico di tutti. Derubati, supplichiamo i ladri di mantenere i beni di tutti.

Ma questo aiuto non sarà dato gratuitamente. Il Museo Egizio di Torino è stato prima presieduto da un membro della famiglia reale italiana, quella degli Agnelli, e ora dalla moglie del presidente di Telecom Italia e Generali. Così il patrimonio che doveva servire alla costruzione dell'eguaglianza torna a veicolare e legittimare significati di profonde differenze sociali. Non è difficile immaginare Brera nelle mani della Milano già da bere, fino a ieri cupamente berlusconiana, e quindi crepuscolarmente formigoniana.

Un museo ridotto a orpello da affidare ai cadetti incapaci, o alle mogli, relegate da una delle borghesie più maschiliste del mondo a occuparsi del «bello inutile e innocuo» dell'arte. Un museo gestito con la condiscendenza dell'elemosina: un luogo da cui bandire il rigore del sapere e la formazione dei cittadini, e da piegare invece fino a ridursi a cornice docile per i riti di autocelebrazione di una ricchezza incivile e ignorante.

Il mito è, naturalmente, quello americano: ma si dimentica che i musei americani sono collezioni di milionari infine consacrate alla proprietà e al godimento pubblici, quelli italiani saranno collezioni pubbliche privatizzate *contra legem*. La diffidenza – direi l'odio – per lo Stato che trasuda dai commenti dei fautori dell'ingresso dei privati nel governo di Brera viene motivata con un'esigenza di efficienza: ma è palpabile l'odio per tutto ciò che è «pubblico». «Lo Stato è vissuto come nemico invadente, estraneo ai pragmatici bisogni della borghesia imprenditoriale milanese. E di conseguenza sono nemici la politica, l'impegno civile, il Meridione».[10]

La Fondazione di Brera non è solo uno sfregio alla Costituzione e al Codice dei beni culturali, una lesione dei diritti dei lavoratori, una minaccia allo statuto scientifico del museo e alla libertà e al primato della conoscenza.

No, è anche un passo drammatico verso la perversione del patrimonio artistico: da strumento pubblico (cioè di tutti) per la costruzione dell'eguaglianza costituzionale, a trofeo del nuovo feudalesimo castale che sta nascendo dalle ceneri di un paese senza progetto.

Roma, il circo massimo

«Il Circo Massimo è il posto migliore del mondo per fare uno slalom parallelo». Così, nell'ottobre 2012, il delegato tecnico della Federazione Internazionale dello Sci ha annunciato l'idea di costruire, per il successivo Natale, una pista da sci alta sessanta metri di fronte al Palatino. Per qualche ora è sembrato che il sindaco Gianni Alemanno facesse propria questa brillantissima idea. Poi la smentita, appena in tempo per evitare l'ennesima catastrofe mediatica legata alla neve: «Esclu-

10. Lo ha scritto con la sua consueta, cartesiana chiarezza Barbara Spinelli (sulla *Repubblica* del 19 dicembre 2012), commentando l'illuminante libro di Franco Continolo, *Milano clef d'Italie. Il rapporto di Milano con lo Stato*, Lampi di stampa, Milano 2012.

do l'area del Circo Massimo come possibile sede di un City Event di Coppa del Mondo di sci alpino».

Ma solo il fatto che qualcuno possa averci seriamente pensato permette di capire cosa sia la Roma post-veltroniana: una sorta di grande villaggio turistico in cui il patrimonio culturale è un'attrazione intellettualmente disinnescata, e animata da eventi prodotti in serie da una oliatissima macchina politico-clientelare. Un circo, insomma. Anzi, il circo massimo del patrimonio nazionale.

Autunno 2011. In cima al Campidoglio sfolgora la mostra su *Leonardo e Michelangelo. Capolavori della grafica e studi romani.* Scesi in piazza Venezia, si può visitare quella su *Roma al tempo di Caravaggio,* e poi, imboccato il Corso, ecco il *Rinascimento a Roma. Nel segno di Michelangelo e Raffaello.* Quindi si può risalire verso il Quirinale, per vedere, alle instancabili Scuderie, *Filippino Lippi e Sandro Botticelli nella Firenze del '400.* Un turista straniero potrebbe dedurre che la storia dell'arte italiana attraversi una stagione straordinariamente feconda, che il patrimonio storico-artistico nazionale sia in splendida forma, che il discorso pubblico del paese metta al centro le arti figurative. E, invece, tutto il contrario: la storia dell'arte è una disciplina sempre più autoreferenziale, e incapace di incidere sul mondo reale; il patrimonio cade a pezzi; il Ministero per i Beni culturali è così residuale che perfino un governo tecnico di alto profilo riesce a smistarci l'unico ministro che non è un tecnico delle materie di cui si dovrebbe occupare, e che anzi si rivelerà un incapace radicale.

Come si spiega, dunque, l'incredibile fioritura di mostre che da anni infesta la Capitale? Si spiega con una verità tanto semplice, quanto elusa: oggi il novanta per cento delle mostre d'arte figurativa non è un'impresa intellettuale, ma è solo un'impresa commerciale, il prodotto di una fiorentissima fabbrica degli eventi, che non ha lo scopo di educare, ma quello di far soldi. Questo variopinto circo è foraggiato da amministratori locali (il sonno delle regioni genera mostre), da politici nazionali, da soprintendenti infedeli, da aziende in cerca di visibilità, nonché dalla necessità di alimentare a ciclo continuo un complesso circuito economico-clientelare incentrato sulla pletora di cooperative, sedicenti associazioni culturali e concessionarie di servizi che ormai orbita intorno ai principali musei.

Prendiamo la mostra su Leonardo e Michelangelo, che è prodotta da MetaMorfosi: un'associazione culturale nata dalla metamorfosi del politico comunista Pietro Folena in produttore di mostre. In un suo intervento sull'*Unità*, Folena ha spiegato che egli intende difendere e promuovere il patrimonio artistico, reperendo fondi per mantenerlo. Ma sul sito dell'associazione si può leggere che «MetaMorfosi gestisce in esclusiva i diritti di riproduzione e di esposizione temporanea delle opere d'arte di proprietà della Fondazione Casa Buonarroti al di fuori del Museo di via Ghibellina a Firenze. Migliaia di disegni, scritti e manufatti dell'Artista che, nell'insieme, costituiscono circa l'80% delle opere michelangiolesche nel mondo». Se Folena volesse davvero affiancare lo Stato nella sfida di tutelare e far conoscere il patrimonio, non dovrebbe perseguire l'obiettivo (grottescamente predatorio) di avere l'esclusiva sull'80% di Michelangelo, ma dovrebbe semmai occuparsi delle opere «minori» e diffuse sul territorio, inappetibili all'industria blockbuster dell'intrattenimento storico-artistico.

Ma il mainstream nazional-commerciale prevede mostre di modestissimo valore culturale dedicate solo ai nomi di grande richiamo. Indimenticabile la prodigiosa staffetta romana che ha massacrato a tappeto tutte le stagioni del Rinascimento. Prima la memorabile *Forma del Rinascimento. Donatello, Andrea Bregno, Michelangelo e la scultura a Roma nel Quattrocento* che sfoderò due, se non tre, inediti marmi di Michelangelo (già oggi difficili perfino da ricordare), poi la claustrofobica e surreale *Il Rinascimento a Roma. Nel segno di Michelangelo e Raffaello*, che provò a sdoganare un altro Michelangelo, stavolta un Michelangelo pittore: la cosiddetta *Pietà* di Buffalo (*nomen omen*).

Ma l'apice si è toccato in *Roma al tempo di Caravaggio*, l'ennesima kermesse caravaggesca promossa da Rossella Vodret nella sua permanenza al vertice della Soprintendenza di Roma. La frenesia caravaggesca della dottoressa Vodret era tale che, al posto del *Bacco* di Bartolomeo Manfredi, a Palazzo Venezia c'era un cartello che informava che l'opera sarebbe arrivata solo dopo il suo ritorno dalla inconsistente mostra *Caravaggio en Cuba*, sempre realizzata su progetto della Vodret.

Ma la cosa più grave di *Roma al tempo di Caravaggio* è che quasi quaranta opere sacre sono state strappate dagli altari veri, che ancora le accolgono nelle chiese, per essere esibite a Palazzo Venezia, rimontate su finti altari di finto marmo, in una specie di galleria cimiteriale per cui davvero non c'era bisogno di scomodare lo scenografo Pier Luigi Pizzi. Nell'autunno del 2011 le chiese di Roma erano dunque ridotte a un colabrodo, anche perché quello di Palazzo Venezia non è l'unico luna park in attività: la stessa Vodret ha, per esempio, autorizzato l'espianto dalla Cappella Cerasi (in Santa Maria del Popolo) e la spedizione a Mosca della *Conversione di Paolo* di Caravaggio, un atto che ha distrutto (*pro tempore*, grazie all'assenza di incidenti) uno dei pochi ecosistemi artistici del tempo di Caravaggio che ci sia arrivato intatto.

E ai musei non va molto meglio: i pochi caravaggeschi

dell'appena inaugurato Palazzo Barberini che non erano a Cuba sono stati deportati in piazza Venezia, e anche la Galleria Borghese e la Corsini hanno pagato un alto prezzo. D'altra parte, quale sia la considerazione della soprintendenza per i musei lo dice lo stato del disgraziatissimo Museo Nazionale di Palazzo Venezia, che sembra sempre il parente povero della mostra di turno nello stesso palazzo: un degrado espresso perfettamente dal busto quattrocentesco di Paolo II ridotto a decorazione del guardaroba della mostra. O la chiusura del Museo Nazionale degli Strumenti Musicali, abbandonato a una decadenza che grida vendetta al cielo.

Tutto questo per fare mostre che non hanno nulla – ma davvero nulla – a che fare, non dico con la ricerca scientifica degli storici dell'arte seri, ma nemmeno con un buon progetto di divulgazione. Nel catalogo, il presidente della Fondazione Roma, Emmanuele F.M. Emanuele, scrive che l'«assunto scientifico dell'esposizione è il confronto tra le due correnti del naturalismo e del caravaggismo»: che, invece, sono la stessa cosa. Ma non bisogna fargliene troppo carico (e infatti Ornaghi lo nominerà, poco dopo, suo consigliere personale per l'arte sacra), perché è davvero difficile capire quale sia, quel famoso assunto: il «tempo di Caravaggio» (morto nel 1610) viene infatti dilatato fino al 1630, obliterando un secolo di distinzioni storico-critiche e ammannendo al pubblico un polpettone indigeribile. Fin dalla prima sala (dove teneva banco un confronto, malissimo impostato, tra un capolavoro di Caravaggio e una tela della bottega di Annibale Carracci), la mostra appariva dilettantesca, slabbrata, disinformata: una mostra come la si sarebbe potuta fare negli anni Venti.

In un libro sul rapporto fra patrimonio artistico e cittadinanza, la mostra-mostro sul tempo di Caravaggio ha un posto importante per due motivi.

Il primo è che essa ha opposto nel modo più icastico possibile l'evento alla città, l'effimero al quotidiano, l'anti-storia della decontestualizzazione alla densità storica del contesto, l'accalappiamento dei clienti alla formazione dei cittadini. Il secondo è che questa metamorfosi involutiva era in qualche modo perfino dichiarata. Il diavolo si nasconde nel dettaglio, e da questo punto di vista il dettaglio rivelatore era il marchio di Civita apposto sui manifesti e sul catalogo. L'organizzazione di una mostra che mina alle fondamenta l'idea della funzione civica del patrimonio si deve a una società di servizi il cui nome – come chiarisce diligentemente il sito – «trae origine dalla parola latina *civitas* che indica la città intesa come luogo di appartenenza e convivenza civile». *Quantum mutatus ab illo!*

Civita prende il posto della città. E a Roma lo fa con una sua onnipresente filiazione: Zètema, nata nel 1998 come una partecipata di Civita. Nel 2000 la neonata società – è sempre il sito ufficiale – «si aggiudica la gestione dei servizi ai Musei Capitolini. La più importante esperienza di global service nei musei italiani». E, «a partire dal novembre 2005, Zètema Progetto Cultura gestisce l'intero Sistema Musei Civici di Roma»: tutto, comprese l'editoria e «l'organizzazione di mostre».

Due anni dopo, Zètema diventa completamente pubblica: al cento per cento appartenente al Comune di Roma. Tra i non piccoli vantaggi c'è quello di affidare gli incarichi «in house», cioè senza gara: tanto non siamo sempre nel pubblico? Certo, il fatto che l'amministratore delegato della Zètema divenuta pubblica sia lo stesso amministratore delegato della privata Civita Servizi, nonché segretario generale dell'Associazione Civita (nella fattispecie si tratta di Albino Ruberti: figlio di Antonio, ministro socialista), vorrà pur dire qualcosa. In termini politici, vuol dire che nella Roma di Walter Veltroni, Francesco Rutelli e Gianni Letta (presidente di Civita) il patrimonio culturale è diventato un immenso luna park a pagamento gestito secondo logiche da sottobosco politico e con profitti da impresa privata.

Che, d'altra parte, sui musei romani si stenda sempre più invadente e prepotente l'ombra della politica lo dimostra ad usura la tragicommedia del Maxxi (Museo nazionale delle arti del XXI secolo). Qui la leva del commissariamento ministeriale è stata usata per espellere uno specchiato funzionario pubblico come Pio Baldi e sostituirlo con una baby-pensionata di lusso del parco politico veltroniano. «Ho scelto come nuovo presidente del Maxxi l'ex ministro per i Beni culturali che ha avuto il merito di avviarne il progetto ed intuirne le potenzialità», ha dichiarato il ministro non-tecnico dei Beni culturali Lorenzo Ornaghi, sommerso da un diluvio bipartisan di censure per l'inconsulta nomina di Giovanna Melandri alla guida del più ambizioso tra gli infiniti acronimi che il contemporaneo addusse all'Italia. Non fa una piega. Come se un ex ministro della Sanità laureato in economia (la stessa laurea della Melandri, del resto) venisse nominato direttore di un ospedale da lui a suo tempo costruito.

Filippo Ceccarelli su *Repubblica* e perfino Ernesto Galli della Loggia sul *Corriere* hanno spiegato perché questa nomina sia stata un clamoroso errore.[11] Lo hanno fatto con garbo cavalleresco, perché soffermarsi sullo spessore culturale della Melandri sarebbe come sganciare un'atomica sulla Croce Rossa. Ma c'è un lato della questione che non hanno considerato. Ed è che la prima, indispensabile condizione per salvare il patrimonio storico e artistico della nazione (cosa che tutti, a parole, vorrebbero) non sono i fondi, né le leggi:

11. Editoriali apparsi entrambi il 19 ottobre 2012.

ma è la competenza che dovrebbero avere tutti coloro che lo maneggiano. In Italia, gli studi di storia dell'arte dovrebbero essere più seri e severi di quelli in ingegneria spaziale (e non lo sono: per colpa della mia corporazione, quella accademica); i concorsi per le soprintendenze e i musei dovrebbero essere durissimi (e invece sono penosi colabrodi); il governo del patrimonio dovrebbe essere lontano anni luce dalle invadenze politiche (e invece è soffocato, colonizzato dalla classe politica più vorace, ma anche più incolta, dell'Occidente).

E Ornaghi, in tutto questo, si è trovato come un topo nel formaggio. Unico ministro incompetente in un governo tecnico, ha moltiplicato intorno a sé l'incompetenza come fossero pani e pesci: ha nominato un suo affezionato creato nel Consiglio d'amministrazione della Fondazione della Scala; ha affidato a un ignaro filosofo del diritto la guida del Consiglio superiore dei Beni culturali, che poi ha popolato di psicologi, scienziati della politica e rettori milanesi (senz'altro ottime persone, ma del tutto incompetenti in materia); e giù per tutti i rami delle nomine, fino a fare soprintendente di Roma (al posto dell'indimenticabile Vodret) la musealizzatrice dei lucchetti di Ponte Milvio.

Se si parla di quel vago divertimento per ricche signore svampite che è l'arte, la competenza non esiste. E siccome finché i musei sono direttamente sotto il Mibac bisogna pur valutare dei titoli, la scorciatoia è quella di trasformarli in fondazioni: Alain Elkann a presiedere la Fondazione del Museo Egizio è forse meglio della Melandri che presiede il Maxxi?

E dunque si capisce benissimo che per concorrere a un posto di dirigente del Comune di Roma per i Beni culturali e ambientali basti anche una laurea triennale in «discipline umanistiche, letterarie o ambientali». Per il posto di avvocato dirigente bandito contemporaneamente, si richiede la lau-

rea «vecchio ordinamento» o quella magistrale in giurisprudenza e l'esame di stato per l'avvocatura. Chi avrà, invece,
l'immane responsabilità dello sterminato e cruciale patrimonio di Roma capitale potrà anche essere laureato in letteratura contemporanea giapponese o in linguistica computazio-
nale. D'altra parte, all'orale gli si faranno domande di storia
medievale e moderna (ma non di quella antica, notoriamente irrilevante per Roma), mentre della storia dell'arte basterà
che conosca qualche «elemento».

La strada è dunque segnata, anche per il futuro: al governo
del circo del patrimonio non servono competenze, ma fedeltà.

La danza macabra di Napoli

All'alba del 23 settembre 2009 si è spalancato uno spaventoso abisso al centro della chiesa barocca di San Carlo alle
Mortelle, sopra i Quartieri Spagnoli. Fosse successo la domenica mattina, sarebbe stata una strage: così, invece, dobbiamo piangere solo gran parte del pavimento settecentesco.
Ma tutta la struttura ha subito danni gravi, e la chiesa è ancora sigillata.

Se il parroco, giustamente, pensa al fatto che la sua comunità non ha un luogo in cui pregare e celebrare i sacramenti,
il problema è ancora più grave, dal momento che nelle imme-
diate vicinanze si sono aperte altre due voragini (una per strada, una addirittura in una casa), e non poche famiglie sono
state evacuate. Nel marzo del 2010, il sacerdote ha coraggio-
samente denunciato a un cronista l'interruzione dei lavori di
consolidamento e restauro della sua chiesa: «Il ministro degli
Interni se n'è lavato le mani e lo stesso hanno fatto la Regione e il Comune. Anche dal cardinale Sepe non abbiamo rice-

vuto l'aiuto promesso: è venuto a trovarci sette giorni dopo il crollo, ci ha detto che avrebbe fatto pressioni sulle istituzioni laiche, ma non è successo niente».

Anche volendo tralasciare le questioni umanitarie, religiose e politiche, e concentrandoci solo su quella culturale: perché nessuna delle istituzioni chiamate in causa da don Mimmo si sta prodigando per salvare una chiesa barocca? Si potrebbe pensare che hanno da fare cose più urgenti che pensare al barocco.

Ma il Fondo Edifici di Culto del Ministero dell'Interno (proprietario della chiesa) non fa che organizzare mostre (pessime), spostando i suoi Caravaggio in tutto il mondo, come fossero pacchi postali. Quanto agli enti locali, Antonio Bassolino – all'epoca presidente della Regione Campania – si era appena dichiarato fiero di aver erogato «un grande finanziamento tematico per l'organizzazione di mostre ed eventi culturali di grande impatto sul tema del Barocco». E dunque, perché nessuno si muove per salvare San Carlo?

La risposta è racchiusa nelle parole di Bassolino: tutte le energie (progettuali, culturali, economiche) sono dirette all'evento, alla mostra, alla massima visibilità mediatica possibile. Già Leo Longanesi poteva dire che «alla manutenzione l'Italia preferisce l'inaugurazione»: ma oggi la realizzazione di eventi a getto continuo è divenuta il principale, quasi l'unico, obiettivo di soprintendenze ed enti locali.

E mentre tutta l'Italia colta parla per qualche mese della grande (e inutile) mostra sul *Ritorno al Barocco*, il vero barocco di San Carlo alle Mortelle se ne va per sempre, nell'indifferenza generale. La situazione non potrebbe esser più simbolica: l'arte che dà ancora forma alle città e ai cittadini non ci interessa, mentre esaltiamo quella che si può esibire a clienti a pagamento.

Letteralmente: mentre la chiesa è pericolante, i dipinti più significativi fra quelli che fino a settembre 2010 si trovavano al suo interno (il ciclo della tribuna, con le *Storie di San Carlo* di Antonio De Bellis) vengono esposti a Castel Sant'Elmo, proprio nell'ambito del *Ritorno al Barocco*. Quei quadri furono commissionati dai padri barnabiti, i quali costruirono la chiesa e l'annesso collegio a partire dal 1616. Questi religiosi fecero conoscere a Napoli la spiritualità e la pastorale sociale della Milano di san Carlo Borromeo e di suo nipote Federico (sì, quello dei *Promessi sposi*), gettando un ponte tra due grandi capitali dell'Italia spagnola del Seicento. Il significato storico, artistico e civile di quei dipinti è indissolubilmente legato all'ambiente e alla storia che li ha prodotti: se permetteremo che tutto questo vada per sempre perduto, sarà come se li avessimo lasciati cadere in quella voragine. Anzi, sarà come se ce li avessimo gettati noi stessi.

Ma questo è esattamente ciò che accade a Napoli, dove amministratori di ogni livello e di ogni colore si preoccupano solo di trasformare una città e un territorio devastati in un teatro per una vertiginosa e continua danza di eventi (dal Forum delle Culture all'America's Cup). Una vera danza macabra.

Trascorrere una mattinata nella chiesa di Santa Maria delle Grazie a Caponapoli e poi leggere i quotidiani in cui si celebra la ritrovata vitalità della Città degli Eventi è un'esperienza davvero estraniante. È difficile descrivere la rabbia e la disperazione che si provano in quella chiesa: l'abbandono, il terremoto, le iniezioni di cemento e un rosario spaventoso di furti vandalici hanno ridotto allo stato di cadavere uno dei luoghi chiave della scultura del Cinquecento napoletano. La speranza del recupero della sua straordinaria bellezza (una speranza, nonostante tutto, ancora viva e attuale) è affidata alla capacità di intercettare le briciole che cadono dal banchetto degli Eventi: i pochi interventi ancora possibili si fanno frugando nelle pieghe di bilancio delle Grandi Mostre, immancabilmente finanziate dagli enti locali e dagli sponsor privati. Per intenderci, è come se il servizio sanitario nazionale passasse solo i soldi per la chirurgia estetica e i pazienti li stornassero per pagarsi la chemioterapia.

La *Deposizione* di Giovanni Bernardo Lama è invece una pala d'altare del tardo Cinquecento collocata da sempre in una chiesa principalissima: San Giacomo degli Spagnoli, che è conficcata nel cuore stesso di Napoli, inglobata dall'isola del palazzo del Municipio. Oggi quel quadro è completamente sfigurato dall'umidità che risale dalle pareti, e che ha agito indisturbata in anni di chiusura della chiesa. Questa chiesa importantissima è di proprietà privata, poiché appartiene ancora all'Arciconfraternita del Santissimo Sacramento dei nobili spagnoli. Ma né questi residuali aristocratici né il Comune (benché così stretto vicino di casa) hanno risposto in alcun modo ai pressanti appelli della Soprintendenza. Lo stato di abbandono è così grave che quest'ultima potrebbe addirittura avviare una procedura di esproprio, o almeno di «ricovero coatto» delle tavole in un luogo più sicuro: ma la situazione della tutela pubblica è, a Napoli, così tragica che la Soprintendenza non ha più nemmeno i soldi per pagare il trasporto delle pale d'altare, senza parlare del loro restauro.

Di fronte a questo strazio si pensa subito a quante opere d'arte del passato hanno fatto, stanno facendo e faranno quella stessa fine sotto i nostri occhi. E allora viene da dire: basta, chiudiamo i corsi universitari di storia dell'arte, chiudiamo le soprintendenze, smettiamola con la retorica del patrimonio artistico nazionale, del quale evidentemente non importa niente a nessuno. Tutto è inutile, rassegniamoci a far quel che cantano i Baustelle: «rinnegare l'anima, come i sassi e i fili d'erba non avere identità». Poi, però, parli con Flavia Petrelli, la funzionaria della Soprintendenza che ha seguito per anni questa parte di territorio (come Marina Santucci ha, esemplarmente, fatto per Santa Maria delle Grazie). E capisci che tacere sarebbe come sparare alle spalle ai pochi servitori dello Stato che combattono ogni giorno, e in nome di tutti noi, la più frustrante e disperante delle resistenze.

Ancora. Il monumento funebre di Isabella Guevara nella Chiesa di Gesù e Maria alla salita Pontecorvo appare in alcuni studi sul barocco maturo a Napoli. Nelle fotografie di quei libri lo si vede ancora com'era fino a quindici anni fa (cioè nello stesso stato in cui uscì, nel 1673, dalle mani di Andrea Falcone e Dionisio Lazzari): oggi, invece, è ridotto a una larva, dopo una raffica di furti durata fino a ieri. Né il timor di Dio, né il rispetto per i morti hanno fermato i ladri, e i marmi colorati che proteggevano il sonno eterno della duchessa sono probabilmente finiti a «decorare» il bagno di qualche camorrista. Così, la statua di Isabella in preghiera, tanto berninianamente viva, è oggi (e forse per sempre) inclinata come una cosa morta, pateticamente appesa a un'impalcatura di tubi Innocenti.

Ma nella bibliografia scientifica si continua a stampare la foto del monumento com'era, e i colleghi stranieri rimangono tramortiti quando si mostra loro ciò che è successo negli ultimi anni. Ecco, chi a Napoli si turba ancora di fronte a un'immagine così? Chiese intere inghiottite da voragini, pale d'altare divorate dalla muffa, affreschi lavati via dalla pioggia, palazzi storici sventrati dalla lottizzazione: tutto noto, risaputo, perfino ovvio. Per non parlare dell'inesorabile, mostruosa dissoluzione di Pompei.

La *Deposizione* di Lama o il sepolcro Guevara non sono «capolavori», ma sono qualcosa di più importante: sono due delle tante, indispensabili cellule di un corpo vivo che si sta disfacendo. Quel corpo è Napoli.

E chi pensava che con la giunta «arancione» di Luigi De Magistris le cose sarebbero cambiate ha subito una cocente delusione. Ora è anche peggio: i Grandi Eventi sono la nuova religione, *panem et circenses* per un popolo ridotto a plebe. Non solo la politica culturale, ma perfino la politica *tout court*: per mesi tutto a Napoli è ruotato intorno all'America's Cup.

In un primo momento l'amministrazione ha pensato di montare le tribune per il pubblico delle regate sulla colmata illegale che copre i rifiuti tossici di Bagnoli: poi si è, per fortuna, deciso di far invece svolgere l'evento sul mare di fronte a Castel dell'Ovo. Ma questo spostamento ha comportato la creazione di un'orribile scogliera artificiale, che viola il vincolo paesaggistico che tutela uno dei paesaggi più belli e celebrati d'Italia, quello che si gode dal lungomare di via Caracciolo. Un marziano potrebbe pensare che in una città amministrata nel nome della legalità e del bene comune la discussione verta su come incarnare e rendere concreto lo spirito delle leggi, onorandone, e magari superandone, la lettera in nome dei principi superiori che esse traducono in norma. E quel marziano si sbaglierebbe di grosso, perché – tutto al contrario – la discussione non è sullo spirito, ma sulla lettera della legge: cioè su come e su quanto si possano aggirare i numerosi vincoli che mettono al sicuro il paesaggio, e tutto questo non al servizio di una riforma capace di riscattare la città dalla sua decadenza, ma al servizio della danza degli eventi effimeri.

Non è meno deprimente la vicenda del Forum delle Culture, un Grande Evento «culturale» che, dal 2004, si svolge ogni tre anni in una diversa città del mondo. Napoli ha acquistato da una fondazione di Barcellona (che vuole quattro milioni di euro!) il *format* e il *brand* di questa pomposa e banalissima kermesse internazionale. La stolida retorica del linguaggio da marketing televisivo non copre il fatto che si è sostanzialmente comprata, a carissimo prezzo, una scatola vuota. Ma il peggio deve ancora venire: i governi locali (Comune e Regione) hanno preteso di riempire direttamente quella scatola. E tra mancanza di soldi, mancanza di idee e scontri tra cordate lottizzatrici, tutto si è arenato nel più imbarazzante dei modi.

Nel giugno 2012 (a meno di un anno dal taglio del nastro del Forum, previsto per il maggio del 2013) finalmente si è registrata una presa di posizione responsabile: «Spendere soldi per un evento di questo tipo non ci pare giusto e giustificato. Sono altre le priorità per i napoletani. Non si aiuta Napoli facendo una grande festa o facendo venire musicisti stranieri». Ma non l'ha detto il sindaco, né il presidente della Regione. E nemmeno il capo dell'opposizione (in Comune o in Regione). No, l'ha detto Staffan De Mistura, il sottosegretario agli Esteri del governo tecnico di Mario Monti.

Negli stessi mesi in cui al centro dell'attività della giunta De Magistris c'erano la Coppa America e il Forum delle Culture, l'Istituto Italiano per gli Studi Filosofici imballava i suoi libri per spedirli in un deposito di Casoria, alla periferia di Napoli: nessuno dei governi campani era riuscito a trovare una casa per quei 300.000 volumi destinati a un uso pubblico. Si trattava di decidere se in uno dei progetti di città delle varie forze politiche che governano Napoli e la Campania, l'Istituto e i suoi libri avessero un ruolo, e quale. Se quel ruolo fosse stato intravisto, la soluzione non avrebbe potuto che essere una sede che tenesse insieme libri e istituto, come accade in tutti gli istituti di ricerca del mondo: perché quei libri non sono morti cimeli del passato, ma strumenti vivi che devono servire alla costruzione del futuro. Nel centro di Napoli non mancano grandi complessi religiosi che potrebbero ben ospitare una simile, formidabile, officina di conoscenza. Certo: ci vorrebbero soldi per ristrutturare, adattare alla nuova funzione e mantenere aperta e funzionante la nuova sede.

È proprio questo che si sarebbe dovuto decidere: quanto vale, per il bene comune della città di Napoli, un istituto come quello di Studi Filosofici? Che percentuale di un Forum delle Culture, di un'America's Cup o di una mostra effimera siamo disposti a investire in questa fabbrica di futuro e cittadinanza? Per ora, meno di zero.

Purtroppo si va ben oltre l'indifferenza del ceto politico. Tra le tante cause di fatale degrado del patrimonio storico e artistico delle città italiane ce n'è una assai poco analizzata e dibattuta: la violenza con cui quel ceto si appropria di musei, biblioteche ed enti culturali, calpestando, con ostentato disprezzo, ogni criterio di competenza, merito, trasparenza. La clamorosa vicenda della biblioteca napoletana dei Girolamini, una delle più antiche e importanti d'Italia, ne è un esempio drammaticamente eloquente.

Il 25 marzo del 2012 ricevetti un'e-mail da Filippomaria Pontani, un amico che insegna filologia classica all'Università di Venezia. Pontani era appena stato a Napoli per studiare un prezioso codice del Quattrocento, testimone in parte unico di opere di Gemisto Pletone, conservato proprio alla Biblioteca dei Girolamini. Ma non mi scriveva per parlarmi delle sue ricerche, bensì dello stato incredibile in cui aveva trovato la biblioteca, e soprattutto del fatto che i due bibliotecari, i fratelli Maria Rosaria e Piergianni Berardi (precari da quasi quarant'anni), gli avevano confidato, disperati, che il nuovo direttore Marino Massimo De Caro la stava sistematicamente saccheggiando. Sembrava troppo perfino per il degrado, spintissimo, di Napoli: ma risposi a Pontani che, per puro caso, avevo già preso un appuntamento con il conservatore del monumento nazionale dei Girolamini, padre Sandro Marsano, per il 28 marzo, tre giorni più tardi. Avevo infatti suggerito a un mio dottorando, Gianluca Forgione, di studiare il collezionismo e il mecenatismo secenteschi della Congregazione dell'Oratorio a Napoli (quella che, come vedremo, ha fatto e poi disfatto il complesso dei Girolamini), e speravo di strappare il permesso di farlo entrare nell'inaccessibile archivio storico.

Ciò che vidi quella indimenticabile mattina superava ogni immaginazione. Incontrai il «professore» (come amava farsi chiamare) Marino Massimo De Caro assorto nel maneggio dei volumi più pregiati della collezione, tra pile di libri antichi e preziosi incongruamente poggiate sul pavimento, lattine vuote di Coca-Cola che troneggiavano sugli antichi banconi, un'avvenente ragazza ucraina a condividere l'alloggio conventuale, un pastore tedesco (Vico: non si sa se in omaggio o a scorno del grandissimo filosofo che studiava ai Girolamini) che si aggirava per le sale monumentali della biblioteca con un immenso osso di prosciutto nelle fauci. E anche a me Berardi ripeté le stesse, inquietantissime cose che aveva detto a Pontani: e cioè che la sera venivano staccati gli allarmi, mentre automobili uscivano cariche dai cortili della biblioteca.

Ancora scioccato dall'esito della visita, mi precipitai su internet per cercare di capire chi fosse questo De Caro: ci vollero tre secondi per capire che era tra i protagonisti del *Sottobosco*, un libro di Ferruccio Sansa (*Il Fatto Quotidiano*) e

Claudio Gatti (*Il Sole 24 Ore*) uscito da appena due giorni. Lì De Caro è il mediatore in un losco affare di petrolio venezuelano, «uno dei casi più clamorosi di alleanza tra berlusconiani e dalemiani».[12] E se i contatti con Massimo D'Alema sono stati preparati dalla sua carriera di portaborse parlamentare in area postcomunista, all'intima amicizia con Marcello Dell'Utri De Caro arriva grazie alla sua passione vera, quella per i libri antichi. Non che si tratti di un interesse culturale: De Caro era stato titolare di una libreria antiquaria a Verona, ma soprattutto era assai attivo nel commercio internazionale, meglio se di alto livello e di memoria corta. In una delle sue conversazioni telefoniche con Aldo Miccichè (ex democristiano, condannato per bancarotta fraudolenta e latitante in Venezuela) intercettate dalla Procura di Reggio Calabria, e pubblicate da Sansa e Gatti, De Caro si lamenta perché i carabinieri del Nucleo di tutela per il patrimonio artistico gli stanno addosso per la ricettazione di un prezioso esemplare dell'*Hypnerotomachia Poliphili* (un incunabolo del 1499) sottratto a una biblioteca milanese e venduto nel marzo del 2005 alla Mostra del libro antico sponsorizzata da Dell'Utri. L'indagine finirà nel nulla, ma solo perché la Procura di Milano è costretta a chiedere il non luogo a procedere visto che «l'incunabolo non è stato rinvenuto fisicamente, malgrado le numerose ricerche».[13] Come se non bastasse, Google restituisce una inquietante messe di dati sulle implicazioni di De Caro in clamorosi furti di libri importanti da biblioteche pubbliche sudamericane e spagnole. È vero che non risultava mai condannato (e «solo» indagato o sospettato), ma – come ha

---

12. Claudio Gatti, Ferruccio Sansa, *Il sottobosco. Berlusconiani, dalemiani, centristi uniti nel nome degli affari*, Chiarelettere, Milano 2012, p. 11.

13. Ivi, pp. 18-19.

ben detto Pier Camillo Davigo – se la Giustizia è una virtù cardinale, lo è anche la Prudenza: virtù necessarissima a chi governa la cosa pubblica, e i beni dello Stato. E non si mette un sospetto piromane a capo della Forestale.

Ma, senza andare tanto lontano, c'erano motivi ancora più elementari per non affidare a De Caro la guida di una delle più importanti biblioteche d'Italia. Costui non aveva alcun titolo: si era iscritto a giurisprudenza a Siena, nel 1992, dove era rimasto iscritto fino al 2002, senza tuttavia mai laurearsi. In compenso, il 22 settembre del 2004 l'Universidad Abierta Interamericana (privata) lo aveva nominato dottore «honoris causa» in cambio del dono di quattro libri antichi e di un meteorite piovuto nel Sahara (*sic*).

In un paese normale quante possibilità ha uno con questo curriculum di arrivare a dirigere una delle quarantasei biblioteche pubbliche statali? Se da noi ci riesce, è solo grazie a una cosa: la politica. Proprio da quel fatidico marzo del 2012 De Caro era il segretario organizzativo dell'associazione politica «Il Buongoverno», che raccoglie l'eredità dei Circoli di Marcello Dell'Utri: il presidente onorario è quest'ultimo, il presidente è il senatore Pdl Riccardo Villari, il segretario il senatore Pdl Salvatore Piscitelli, vicesegretari i senatori (sempre Pdl) Elio Palmizio e Valerio Carrara.

È stato grazie all'antico legame (nato in Publitalia) tra Dell'Utri e Giancarlo Galan, che quest'ultimo si è preso De Caro come consigliere al Ministero dell'Agricoltura. E quando Galan si è spostato ai Beni culturali, anche De Caro si è spostato (ovvio, no?), diventando consigliere per l'editoria.

A quel punto il gioco era fatto. La Congregazione dell'Oratorio doveva nominare il direttore della biblioteca, ma l'impoverimento numerico e culturale dell'ordine di San Filippo Neri era tale da non consentire di trovare un candidato interno: quale miglior soluzione che rivolgersi a uno dei consiglieri del ministro per i Beni culturali? Ci fosse un dubbio sul ruolo che il Ministero deve aver giocato in quella nomina, basta rammentare chi era il sottosegretario ai Beni culturali quando De Caro diventa direttore dei Girolamini: il napoletano Riccardo Villari, testé nominato.

Appurato tutto questo, chiamai il comando del reparto operativo dei carabinieri del Nucleo di tutela del patrimonio, e subito dopo un altissimo funzionario del Ministero: mettendo insieme le risposte, al tempo stesso vaghe ed eloquenti, compresi che a Roma avevano le idee abbastanza chiare su De Caro, e che non erano nemmeno troppo sorpresi delle enormità che riferivo. E soprattutto che, essendo stato De Caro confermato tra i consiglieri del regnante ministro Ornaghi (il quale evidentemente non aveva nemmeno un mezzo collaboratore cui far fare un giro su Google per capire chi si stesse mettendo in casa), non c'era spazio per alcun intervento.

Restava solo la possibilità della denuncia pubblica. *Il Fatto* accettò subito un mio pezzo particolarmente duro, che uscì – col titolo «Libri, uomini e topi» – il 30 marzo, e in cui tra l'altro scrivevo: «Insomma: cosa succede davvero nella biblioteca dove andava a studiare Giovan Battista Vico? È tutto sotto controllo, o siamo in un film dell'orrore?»

Nel primo pomeriggio di quello stesso venerdì, arrivò sul mio cellulare privato una chiamata da un numero napoletano: era De Caro, che telefonava (dal Ministero, a Roma, ma attraverso il centralino della Prefettura di Napoli) per minacciarmi. Iniziarono giorni tesissimi, in cui il direttore della biblioteca, oltre ad annunciarmi una querela affidata allo studio di Cesare Previti, passò al contrattacco mediatico: fu Diana De Feo (senatrice Pdl e moglie di Emilio Fede) a difenderlo a spada tratta, e fu *Il Mattino* (allora diretto da un nipote di Dell'Utri) ad accogliere sue interviste a raffica. A rileggere oggi le risposte indignate e trucemente minacciose inviate in quei giorni da De Caro ai vari blog (a partire da quello di Michele Dantini) che avevano ripreso il mio articolo, viene perfino da sorridere.

Lorenzo Ornaghi e il Ministero, invece, tacevano. E così, mentre io andavo dai carabinieri del Nucleo e alla Procura della Repubblica di Napoli per ripetere ciò che avevo visto, Francesco Caglioti (mio collega alla Federico II) scrisse questo appello, insieme altissimo e durissimo:

Al Ministro per i Beni culturali, prof. Lorenzo Ornaghi

Gentile signor Ministro,
Le scriviamo a proposito dello stranissimo e increscioso affare che riguarda l'attuale direzione della Biblioteca Nazionale dei Girolamini a Napoli, una delle biblioteche storiche più gloriose d'Italia, nata dalla passione culturale della congregazione di San Filippo Neri. Per volontà di Giovan Battista Vico, in essa confluirono i libri di Giuseppe Valletta: pegno vivo di una stagione in cui Napoli era un crocevia del pensiero filosofico europeo e vera capitale della *Respublica literaria* universale. Dopo le enormi perdite e trasformazioni di altri fondi librari avutesi nell'Ottocento, Napoli possiede ormai quest'unico esempio particolare di biblioteca pubblica di origine preunitaria, magnificamente coerente nell'architettura e nelle raccolte in essa ospitate: un organismo che un tempo si affiancava perfettamente alle biblioteche universitarie e alla Nazionale, così come avveniva e avviene in altre antiche capitali italiane, dove però le analoghe biblioteche di origine conventuale, principesca o erudita sono state meno decimate, e svolgono tuttora una funzione preziosissima (si pensi all'Angelica, alla Casanatense, alla Corsiniana e alla Vallicelliana di Roma, o alla Laurenziana, alla Marucelliana e alla Moreniana di Firenze).

Purtroppo le conseguenze drammatiche, mai piante a suffi-
cienza, del terremoto del 1980 hanno contribuito massiccia-
mente a far uscire i Girolamini dall'orizzonte culturale, e
prim'ancora dal vissuto quotidiano, della cittadinanza napoletana, con i suoi numerosissimi intellettuali, studiosi e studenti. E ciò spiega perché, nella distrazione ormai consolida-
tasi, sia cominciata una vicenda come quella che è adesso in
corso, e che siamo qui a denunciarLe.

Le chiediamo come sia possibile che la direzione dei Girolamini sia stata affidata dai padri filippini, con l'avallo del Ministero che ne è ultimo responsabile, a un uomo (Marino Massimo
De Caro) che non ha i benché minimi titoli scientifici e la benché minima competenza professionale per onorare quel ruolo.
E perché questa scelta sia stata fatta in un Paese e in un'epoca
affollati fino all'inverosimile di espertissimi paleografi, codi-
cologi, filologi, storici del libro, storici dell'editoria, bibliotecari, archivisti, usciti dalle migliori scuole universitarie e mini-
steriali, e finiti sulle strade della disoccupazione o della sotto-
occupazione (*call centers*, pizzerie, servizi di custodia).

Le chiediamo inoltre di spiegarci come mai Marino Massimo
De Caro, sebbene del tutto estraneo al mondo della bibliote-
conomia e della funzione pubblica, abbia avuto e abbia comunque curiose implicazioni con i libri, che lo portano tuttavia nel mondo del commercio, facendo emergere fin qui –
sempre e soltanto – episodi degni di essere vagliati non da una
commissione di concorso, ma dalle autorità giudiziarie (sia
pure con l'auspicio dell'innocenza).

Le chiediamo inoltre come mai una figura dai trascorsi così
poco chiari e poco chiariti sia stata messa a capo di un istituto che oggi come non mai ha bisogno, tutt'al contrario, non
solo di una guida ferrea e irreprensibile, ma di un rappresentante – ben facile da trovare – che respinga ad anni-luce da sé
i sospetti di ogni collegamento con quelle gravissime perdite
più o meno recenti del loro patrimonio librario che i padri filippini per primi denunciano in questi mesi. Le chiediamo in-

fine, nel riconsiderare con molta attenzione la scelta di Marino Massimo De Caro come direttore dei Girolamini (nonché come Suo consigliere personale), di voler creare una commissione pubblica d'inchiesta sull'amministrazione passata e recente di questa biblioteca, prima che la memoria storica dei Girolamini rimanga affidata soltanto a una maestosa architettura ferita e umiliata, tragicamente solitaria nel cuore di una rete mondiale di traffici rapaci.

In pochi giorni l'appello fu sottoscritto non solo da alcuni dei più noti intellettuali napoletani, ma anche da personaggi come Salvatore Settis, Giuliano Amato, Marcello De Cecco, Ennio Di Nolfo, Dario Fo e Franca Rame, Carlo Ginzburg, Gioacchino Lanza Tomasi, Lamberto Maffei (presidente dell'Accademia dei Lincei), Dacia Maraini, Stefano Parise (presidente dell'Associazione Italiana Biblioteche), Stefano Rodotà, Rosario Villari, Gustavo Zagrebelsky e molti altri. In poche settimane si arrivò a cinquemila firme.

La politica, invece, non capì. I senatori dellutriani Piscitelli e Palmizio presentarono un'interrogazione al ministro dell'Università per sapere se quanto io e Francesco Caglioti avevamo cercato di fare per difendere i Girolamini «si riconduca allo svolgimento delle normali attività accademiche loro imposte dalla legge e se – soprattutto – non rischi di gettare discredito sulle istituzioni accademiche». Una (grottesca) intimidazione che è interessante solo perché teorizza esplicitamente che il legame politica-cultura si deve intendere come lottizzazione violenta della prima sulla seconda, giammai come azione civile degli intellettuali per la difesa del patrimonio culturale.

A quel punto il ministro Ornaghi avrebbe avuto un'ottima occasione per mostrare agli italiani che le cose possono cambiare. E invece anche lui si è genuflesso all'eterno primato della consorteria politica. Alcune ordinanze della magistratura napoletana attestano che, ben prima che scoppiasse lo scandalo, erano arrivate al Mibac pesanti segnalazioni di irregolarità ai Girolamini: e che, addirittura, una vera e rigorosa ispezione era stata archiviata a causa di pressioni politiche un mese prima del mio articolo. L'ispettrice, invece, arriverà solo il 17 aprile, cioè quasi venti giorni dopo il mio articolo sul *Fatto*. E ciò che scriverà supera ogni immaginazione: la biblioteca appare devastata, probabilmente in modo irrimediabile. Due giorni dopo, l'ispezione è bloccata: arrivano i sigilli dei carabinieri, perché siamo al sequestro giudiziario.

Ornaghi ha taciuto dopo il mio articolo; ha taciuto dopo che gli sono state inviate le prime cinquecento firme; ha taciuto dopo che Gian Antonio Stella ha raccontato la vicenda sulla prima pagina del *Corriere della Sera*, il 17 aprile (tra l'altro rivelando che De Caro non era nemmeno laureato). Il coraggioso ministro ha parlato solo il giorno dopo che i carabinieri hanno sequestrato la biblioteca e indagato il suo consigliere per peculato. Ma ha parlato per comunicare alla Camera che aveva accettato nientemeno che l'autosospensione di De Caro dalla carica di suo consigliere. L'indomani – dopo aver ricevuto la visita del procuratore aggiunto di Napoli Giovanni Melillo – Ornaghi ha avuto un soprassalto di decenza, e ha finalmente deciso di rimuovere De Caro dai ranghi dei suoi consiglieri: ma si è ben guardato dal comunicarlo alla stampa, limitandosi a farlo cancellare dal sito del Mibac.

Scandalosamente, Marsano e De Caro rimangono ancora ai loro posti napoletani: De Caro si dimetterà solo il 15 maggio, padre Marsano verrà rimosso (dai suoi superiori, finendo poi agli arresti domiciliari) il 21. E nella lettera in cui accetta le dimissioni di De Caro, il religioso scrive che, essendo state suggerite dal direttore generale delle Biblioteche Maurizio Fallace, egli ritiene le dimissioni «un ordine superiore». Il che fa cadere come un castello di carte le autogiustificazioni che Ornaghi aveva esibito alla Camera, scaricando il barile sugli Oratoriani: sappiamo con certezza che, se Ornaghi avesse voluto, avrebbe potuto indurre De Caro a dimettersi subito.

Il 24 maggio, a due mesi dalla mia denuncia, arriva la svolta clamorosa: la Procura dispone l'arresto di De Caro e di quattro dei suoi complici, mentre viene indagata la segretaria di Marcello Dell'Utri. L'inchiesta guidata dal procuratore Melillo – che arriverà a emettere dodici procedimenti di custodia cautelare e che vedrà De Caro confessare una larga parte dei suoi crimini – si sta rivelando forse la più importante della storia repubblicana in fatto di commercio illegale di libri antichi, un commercio che estende i suoi tentacoli su scala mondiale. E, con lo sviluppo dell'inchiesta, la devastazione e il saccheggio dei Girolamini appaiono una devastazione e un saccheggio di Stato. Nell'ordinanza del gip di Napoli Francesca Ferri che conferma la detenzione in carcere, si legge che la nomina dello stesso De Caro alla direzione dei Girolamini è avvenuta «ad onta di ogni regola e grazie all'influenza politica correlata all'incarico fiduciario di consigliere dell'ex ministro per i Beni e le attività culturali Gianfranco Galan». Tale nomina fu il passo decisivo di «un piano criminale studiato in ogni dettaglio», reso possibile dalla «perdurante assenza di controllo e vigilanza da parte degli organi del Ministero a ciò deputati».

Galan ha chiesto pubblicamente scusa, ma poi si è appreso che un altro consigliere ministeriale (Franco Miracco) diede l'allarme sulla figura e l'opera di De Caro fin dall'estate del 2011: perché, allora, né Galan né il suo staff ne tennero conto? E Maurizio Fallace ha riferito ai magistrati «delle insistenti pressioni ricevute affinché rilasciasse il nulla osta della sua direzione generale alla nomina di De Caro, ciò che di fatto avvenne lo stesso giorno». La Corte dei Conti dovrà porsi il problema delle responsabilità dell'enorme danno erariale (oltre che culturale) provocato da una simile condotta. Ma il fatto che un piano diabolico per l'annientamento di un monumento così importante sia cresciuto e si sia attuato nelle strutture stesse del Ministero per i Beni culturali spinge a riflessioni più ampie. La Procura di Napoli è riuscita a gestire esemplarmente l'inchiesta perché esiste un pool specializzato in reati contro il patrimonio artistico: non sarebbe l'ora di applicare ovunque questo modello? Il patrimonio di ordini ecclesiastici ormai esausti si annuncia come una facile preda della criminalità e come una delle prossime frontiere del riciclaggio di denaro sporco: occorre organizzare, e in fretta, un contrasto almeno altrettanto qualificato e motivato. La rapacità della classe politica, l'omertà di quasi tutti gli addetti ai lavori e un giro enorme di interessi congiurano nel tenere il coperchio sulla pentola: ma quando «Patrimoniopoli» scoppierà davvero, essa apparirà come la madre di tutti gli scandali che nutrono il suicidio del nostro paese.

Non è, dunque, possibile lasciare i carabinieri del Nucleo di tutela sotto il controllo diretto del Ministero dei Beni culturali: troppe vicende degli ultimi tempi (dal crocifisso «di Michelangelo»,[14] al prezioso mobile settecentesco svincolato contro ogni norma, fino a questo scandalo colossale) dimostrano che il patrimonio va difeso anche dalle troppe deviazioni del Mibac.

14. Della cui paradigmatica vicenda mi sono occupato in *A cosa serve Michelangelo?*, Einaudi, Torino 2011.

Nonostante il lieto fine, se così si può dire, questa incredibile vicenda chiama in causa in modo drammatico il rapporto tra città e cittadini.

Com'è possibile che tanti illustri intellettuali napoletani abbiano frequentato (anche da oratori) gli «eventi» promossi dalla «nuova gestione» dei Girolamini senza notare qualcosa di strano, senza fare la minima verifica, senza chiedersi chi fosse quell'improbabile direttore? Ed è proprio questa diffusa rassegnazione, questo cinico disincanto che rasenta la complicità, ad aver colpito gli osservatori esterni più sensibili: come Marcelle Padovani, che ha dedicato alla storia dei Girolamini un acutissimo articolo in apertura del *Nouvel Observateur* del 12 luglio 2012.

E anche dopo la denuncia, non pochi hanno avuto il coraggio di sussurrare in privato che non vedevano alcuna notizia: «Ai Girolamini si è rubato da sempre, sai che novità!» Un vento di indolenza, perfino vagamente infastidito dal fatto che qualcuno si mettesse ad alzare la voce per l'ennesima denuncia. Nei giorni caldi della polemica, si sarebbero udite volentieri le voci della Curia (che aveva certo tutti i mezzi per sapere, se non altro, cosa succedeva in quel convento), del Comune, delle varie soprintendenze, biblioteche, musei etc. E, soprattutto, quella delle numerose università che siedono (è il caso di dirlo) a Napoli. Per non parlare dei molti padri della patria che, dopo aver distrutto l'università, sono passati a pontificare direttamente in politica. Perfino al decisivo appello scritto e promosso da Francesco Caglioti sono mancate alcune firme importanti: quelle del sindaco, dell'arcivescovo, dei soprintendenti, dei rettori delle università napoletane. Quando l'interrogazione dei senatori di Dell'Utri ha chiesto al ministro Profumo di prendere provvedimenti verso di me e verso Caglioti, avrei francamente apprezzato una presa di posizione dell'università: non già in nostra difesa, ma a tutela della libertà e della funzione costituzionale dell'università stessa. Più che dalle istituzioni (sclerotizzate, distratte: non di rado vili), l'appoggio immediato alla denuncia è venuto dall'avvocato Gerardo Marotta, e dai suoi giovani intellettuali, e da Mirella Barracco con la sua Fondazione Napoli Novantanove.

La morale più importante di questa storia mi pare, tuttavia, quella che parla agli studenti. Chi oggi dedica la propria vita agli studi umanistici non sceglie il disimpegno, o la fuga, dalla vita reale e dalla dimensione civile: come invece troppo spesso suggerisce la retorica delle «cose belle». Se una rigorosa competenza si accompagnerà alla sollecitudine per il bene comune, allora sarà possibile trasformare anche una città come Napoli. E nella lotta alla criminalità, alla corruzione, all'illegalità diffusa e alla complice rassegnazione, le biblioteche sono forse più utili e importanti dei tribunali.

A tutt'oggi Lorenzo Ornaghi non ha ritenuto di dover chiedere scusa a Napoli e all'Italia per l'operato del suo consigliere, ma ha in compenso promosso un'azione giudiziaria risarcitoria contro di me e contro *Il Fatto*, colpevoli di aver diffamato il Ministero (!). E all'apertura del processo a De Caro, nel gennaio 2013, il Mibac non si è costituito parte civile, come invece aveva annunciato di voler fare.

Nei primi giorni del 2013, invece, il presidente della Repubblica Giorgio Napolitano ha visitato i Girolamini, e subito dopo ha nominato cavalieri Maria Rosaria e Piergianni Berardi. E lo ha fatto citando il «coraggio» di questi «fedeli servitori dello Stato». Questo solenne riconoscimento rimette in ordine le cose, e ribalta le gerarchie consacrate da un senso comune profondamente corrotto.

I fedeli servitori dello Stato non sono i dirigenti e i ministri di un Ministero in parte complice e deviato, incapace perfino di costituirsi parte civile: ma due bibliotecari precari e sottopagati da decenni, perduti nella periferia del Ministero stesso. Il coraggio non l'ebbero i soprintendenti, i rettori, i vescovi, i sindaci. L'ebbero invece due comunissimi cittadini, due impiegati che credevano nel «loro» Stato, nonostante tutto.

È un messaggio forte per Napoli e per tutto il Meridione. Un messaggio contro la paura e il silenzio dell'omertà, e per il coraggio civile. Un modo di affermare con forza che lo Stato esiste davvero, e non dimentica chi lo serve con fedeltà e coraggio. Un modo di ricordare che – lo diceva Piero Calamandrei – «lo Stato siamo noi». Un messaggio rafforzato dal fatto che il Comune di Napoli, al contrario del Mibac, al processo si è costituito per davvero come parte civile.

Un atto importante, anche sul piano simbolico: ma la strada che porta a far giocare alla cultura una vera parte nella battaglia civile per Napoli appare ancora assai lunga.

I padroni di Venezia

Venezia 2020. Il governo in carica sdemanializza Palazzo Ducale, e ne conferisce la piena proprietà al Comune di Venezia, per compensarlo degli ulteriori, inevitabili tagli al bilancio degli enti locali. Pochi mesi dopo, il sindaco (naturalmente di centrosinistra) vende il palazzo dei dogi a un magnate arabo che desidera restare anonimo, e che si impegna graziosamente ad affittarne una parte ai Musei Civici Veneziani. Pochi giorni dopo, il Domenicale del *Sole 24 Ore* dedica una copertina osannante all'esotico «mecenate».

Fantapolitica? No, solo il possibile culmine simbolico del processo di privatizzazione di Venezia, teorizzato in un volume pubblicato da Marsilio nel 1995 (*Privatizzare Venezia. Il progettista imprenditore*) e oggi in avanzato stato di realizzazione. Come nota lucidamente Paola Somma nell'illuminante *Benettown*,[15] nel 1995 il rappresentante della Benetton Group poteva ancora dichiarare che «nell'acquistare immobili a Venezia, la società ha fatto un puro e semplice calcolo di investimento, dal quale si aspetta un ritorno, un beneficio», in un'operazione che «certamente non rientra in una logica di puro restauro, ma in una logica imprenditoriale più ampia».

Oggi la nuova retorica del connubio pubblico-privato preferisce invece parlare di «mecenatismo». Ma forse sarebbe meglio parlare di nuovo feudalesimo.

La meravigliosa Punta della Dogana è stata, per esempio, «privatizzata» (certo, a suon di investimenti e restauri di archistar) dal multimilionario francese François Pinault, che l'ha trasformata in una supervetrina della sua collezione. E non è solo. C'è, per esempio, anche Miuccia Prada che compra Ca' Corner della Regina dal Comune: si potrà discutere all'infinito su chi possa garantire la miglior tutela e il miglior godimento del palazzo (se, cioè, il ricchissimo privato o un comune sempre in bolletta), ma bisogna sottolineare che il Comune ha usato i quaranta milioni di Prada per risanare il bilancio ordinario, non per realizzare qualcosa di durevole (un asilo o un ospedale, per esempio). In altri termini, la generazione presente decide di sottrarre a quelle future un bene comune per ricavarne un fuggevole beneficio *una tantum*. E poi c'è il democratico e progressista Benetton, che acquista

15. Pubblicato a Venezia nel 2011 dalla piccola, ma valorosissima, Corte del Fontego, la cui collana «Occhi aperti su Venezia» è un vero presidio civile.

un teatro e lo trasforma in ristorante d'albergo (contro il parere del Consiglio di quartiere) e progetta di annullare l'identità architettonica e storica di un palazzo-simbolo come il Fondaco dei Tedeschi con scale mobili colorate che sfondano parapetti di pietra cinquecenteschi, e con una gigantesca terrazza. Dopo la bocciatura ministeriale di quest'ultima e delle scale postmoderne, Benetton ha pensato a una «super-altana» da piazzare sul tetto del Fondaco.

L'inconscio dei nuovi dominatori impone verticalità manifestamente falliche: subito prima dell'altana dei Tedeschi (alta quanto? in quali materiali?) è stata la volta del Palais Lumière, la supertorre di 250 metri (due volte e mezza il campanile di San Marco) che lo stilista Pierre Cardin vuole conficcare a Marghera, in modo che sia ben visibile dal Bacino di San Marco.

Nell'estate 2012, il ministro dell'Ambiente Corrado Clini, il governatore del Veneto, il presidente della Provincia e il sindaco di Venezia sono corsi a inaugurare la mostra che ne esponeva il faraonico progetto. Ancor prima che l'Enac dicesse se la torre di 250 metri fosse o no compatibile col traffico aereo, le istituzioni hanno così benedetto il progetto che – il dettaglio è grottesco – scaturisce dalla tesi del nipote dello stilista, laureatosi a Padova nel 2011. Le stesse istituzioni che non sono state capaci di aprire un vero confronto pubblico sul recupero della zona industriale di Marghera, di pianificare un risanamento urbano attraverso la partecipazione popolare, si prostrano all'istante di fronte a un singolo privato che presenta un progetto faraonico fatto in casa, che si basa sull'evidente desiderio di «oltraggiare Venezia» (così Salvatore Settis),[16] modificandone per sempre lo sky-

16. *La Repubblica*, 31 luglio 2012.

line con una gigantesca torre luminosa degna del più cafone degli emiri. Immancabilmente il dibattito pubblico si è concentrato sulla forma della torre e sul suo valore estetico («è bella o non è bella, mi piace o non mi piace»), seppellendo sotto il soggettivismo dell'archistar (in questo caso l'apprendista archistar) ogni idea di città, di sviluppo sociale, di comunità.

Alla fine del novembre 2012 il Ministero per i Beni culturali aveva dichiarato che l'area di Marghera su cui avrebbe dovuto sorgere il Palais Lumière era sottoposta al vincolo della legge per cui non si può costruire a meno di trecento metri dal mare. In un paese normale sarebbe bastato questo a far desistere chi avesse voluto innalzare proprio in quella fascia, e in vista di Venezia, l'edificio più alto di quello stesso paese. Ma perfino in Italia la cosa diventava pressoché impossibile, perché se anche la Soprintendenza di Venezia avesse concesso l'autorizzazione, in deroga al vincolo, associazioni come Italia Nostra l'avrebbero subito impugnata, facendo impantanare il tutto in tribunale per decenni. E il novantenne Pierre Cardin ha più volte chiarito di avere, comprensibilmente, fretta. Né questa ovvia prospettiva, né l'appello di quattrocento intellettuali al presidente Napolitano (il quale, peraltro, non ha ritenuto di rispondere in alcun modo) hanno minimamente spaventato il sindaco Pd di Venezia, l'avvocato Giorgio Orsoni, che il 22 dicembre ha firmato l'accordo con Cardin, entrando in tal modo nella storia della Serenissima «come un seguace non dei Dogi, ma dei barbari» (così ancora Settis).[17]

Nella Parigi di Cardin l'Académie des Inscriptions et Belles-Lettres ha approvato una dura mozione in cui si legge che

17. *La Repubblica*, 28 dicembre 2012.

«a proposito della salvaguardia del patrimonio storico e artistico italiano, oggetto di studio di molti dei suoi membri e bene comune della civiltà europea, l'Accademia è vivamente preoccupata per le minacce che pendono su Venezia e la sua Laguna», e che «spera che il Palais Lumière non venga mai costruito proprio a causa della sua altezza smisurata».

Mentre scrivo, la babelica torre di Cardin, tuttavia, non sembra poter essere arrestata né dalla forza della legge, né da quelle della cultura e del buon senso: ma forse, con provvidenziale paradosso, potrebbe esserlo da quella del denaro. L'emigrato trevigiano Pietro Cardin ci teneva ad apparire come lo zio d'America che torna in patria con le tasche gonfie di quattrini, e aveva dichiarato formalmente che avrebbe investito un miliardo e mezzo di euro nella torre, senza contare i milioni promessi per il risanamento dell'area industriale e quelli con cui avrebbe patrocinato rassegne artistiche. E si capisce che una buona parte dei cittadini di Marghera, abbandonati da decenni a se stessi, abbia salutato con cieco favore questa specie di emiro nostrano che prometteva una magica fontana di lavoro e benessere alta 250 metri. E, invece, ecco il colpo di scena: la banca non fa credito al paperone Cardin, che non riesce così a trovare, entro il 31 dicembre 2012, i venti milioni di euro da dare al Comune per comprare i terreni su cui dovrà sorgere la torre. E così il sedotto e abbandonato Orsoni si sfoga con la *Nuova Venezia*: «Noi abbiamo fatto il nostro dovere. Ma Cardin si è rivelato una delusione». La *pochade* appare davvero grottesca. Forse nessuno, nemmeno Orsoni, credeva davvero che potesse sorgere un simile, inaudito mastodonte: ma i primi milioni di Cardin (pochi, maledetti e, soprattutto, subito) servivano a far rientrare il bilancio nel Patto di stabilità. Insomma, una politica fast food incurante di ipotecare il domani pur di sfangarla, in qualche modo, oggi. A Venezia, patria di sublimi cortigiane, anche la prostituzione era un'arte: ma oggi non si riesce nemmeno più a scegliere un cliente solvibile.

Ecco i sedicenti mecenati del «nuovo Rinascimento» veneziano. Qualcosa, tuttavia, non quadra: i veri mecenati del vero Rinascimento impiegavano i loro capitali (che avvertivano di aver in qualche modo sottratto alla collettività) in grandi imprese edilizie e artistiche a vantaggio del pubblico. Gli imprenditori del 2012, al contrario, si sono decisamente emancipati dal senso di colpa, e usano le loro ricchezze per privatizzare pezzi di città, cavalcando a proprio vantaggio lo sfascio delle finanze e dell'etica pubbliche. Più che di un Rinascimento, si tratta di un nuovo, e stavolta davvero oscuro, Medioevo che vede andare in frantumi un patrimonio collettivo a vantaggio di nuovi, e spietati, feudatari le cui alte torri simboleggiano nel modo più violento e indelebile il trionfo degli individui sul bene comune, espellendo dalle vene esauste dell'urbanistica italiana le ultime gocce di linfa sociale (per usare parole di Italo Insolera).

Nuovi riti, poi, celebrano questi nuovi mecenati. Dopo il tragico naufragio della *Costa Concordia* al Giglio, il governo Monti ha vietato gli «inchini» delle grandi navi da crociera: ovunque, ma non a Venezia, dove il business impone di far transitare questi pericolosi colossi a pochi metri dal Palazzo Ducale e dalla Biblioteca Marciana «finché le autorità marittime non avranno individuato vie alternative di transito» (vie che, naturalmente, sono ben lungi dall'essere cercate). Altri riti sono decisamente più innocui, ma simbolicamente non meno contundenti: la sera del Martedì grasso 2012, per esempio, il campanile di San Marco appariva espropriato e umiliato da una gigantesca proiezione del marchio dell'Hard Rock Café, ma i media leggevano la cosa molto diversamente: «la catena mondiale di locali ormai considerata un tempio della musica regala a Venezia il finale del suo straordinario Carnevale [...] con uno show totalmente gratuito» (così l'ADN Kronos). Il messaggio è chiarissimo: i nuovi feudatari non solo si prendono la città, ma si aspettano anche la gratitudine dei cittadini. E tutto questo non comporta solo la progressiva privatizzazione del bene comune che è Venezia, ma determina la sistematica perdita dell'identità storica a favore di una omologazione ricreativa. La disneyficazione caldeggiata nel 1981 dall'architetto Marco Romano sulla rivista *Urbanistica* («la trasformazione di Venezia in una Disneyland potrebbe segnare il passaggio a un modo di vivere più creativo, più allegro, più festoso») è oggi compiuta: la città storica (abitata ormai da non più di 60.000 maltollerati veneziani) è percorsa ogni giorno da 50.000 turisti. Insomma, «un paese dei balocchi per i signori del cemento», come scrive Raffaele Liucci in un durissimo pamphlet (che circola via e-mail in attesa di trovare un editore abbastanza coraggioso da pubblicarlo) dedicato al «politico della domenica» Massimo Cacciari.

La linea avanzata dell'assalto a Venezia passa nientemeno che sul Canal Grande, come ha rivelato Gian Antonio Stella sul *Corriere della Sera* del 22 settembre 2012. I proprietari dell'Hotel Santa Chiara, all'imbocco del Canale da piazzale Roma, desideravano da molto tempo raddoppiare la cubatura dell'albergo. E ora – dopo un interminabile percorso di carte bollate, ricorsi e giudizi – ci stanno riuscendo: lo scheletro d'acciaio luccica già sulla laguna. Non importa se il nuovo edificio sarà un cubo in cemento ricoperto di vetri (ottimo per Dallas, o per Canberra, magari), se andrà quasi a sfiorare l'imboccatura del peraltro infelicissimo ponte di Calatrava, se coprirà la veduta del Canal Grande, «impallando» la cupola verde di San Simeon Piccolo, e tutto il resto. Importa assai di più che il proprietario dell'albergo sia il presidente dell'Associazione Pubblici Esercizi (alberghi, ristoranti, casinò...), nonché dell'Azienda di Promozione Turistica: a Venezia settori non proprio trascurabili. E forse importa anche che l'architetto che ha firmato il progetto sia Antonio Gatto, presidente dell'Ordine degli architetti e dunque membro della Commissione di Salvaguardia. Quest'ultimo dettaglio non è privo di interesse: perché senza l'approvazione della Salvaguardia, sul Canal Grande non si mette pietra. E, contro ogni ragionevolezza, quell'approvazione c'è stata: davvero una singolare coincidenza.

Sulla *Nuova Venezia*, Alberto Vitucci ha fatto notare che il progetto dell'albergo è firmato anche da Dario Lugato, uno degli autori della faraonica torre di Cardin: un progetto che sta suscitando indignazione in tutto il mondo, ma che – guarda caso – gode dell'incondizionata approvazione dell'autorevole presidente dell'Ordine degli architetti di Venezia, ossia l'Antonio Gatto che co-firma il cubo sul Canal Grande e siede nella commissione che lo autorizza.

Giudizi e valutazioni assolutamente legittimi. Intrecci forse inevitabili, in una città piccola come Venezia. E, tuttavia, il risultato è che sono tutelati tutti gli interessi, ma non l'interesse di tutti: per amara ironia, proprio la città che difese fino all'estremo il nome di repubblica (*res publica*) vede il più feroce trionfo degli interessi privati. Venezia è oggi per eccellenza la città senza cittadini, una quinta sempre più consunta percorsa ogni anno da trenta milioni di turisti alienatissimi, una terra di conquista dove non sventola più il Leone di San Marco, ma sfolgorano i marchi di Benetton e Prada, o le insegne di Pinault.

Fra tutti i poteri pubblici, il più fedele al bene dei cittadini dovrebbe essere la Soprintendenza, lontana dal viluppo di interessi che condiziona la politica locale. Eppure, alla fine la soprintendente Renata Codello ha autorizzato lo scempio del Canal Grande. E di fronte alle domande e alle obiezioni di Stella, la Codello è sbottata: «Lei è architetto? Non faccia l'architetto!» Un vero capolavoro: un clamoroso «tradimento dei chierici» ritorce contro i cittadini la competenza tecnica che li dovrebbe proteggere e garantire. E, per di più, lo fa con argomenti già risibili tre secoli fa. Nel 1719 il filosofo francese Jean-Baptiste Du Bos scriveva che

quando è questione di giudicare l'effetto generale di un'opera, il pittore e il poeta non hanno diritto di respingere chi non conosce la loro arte, quanto un chirurgo non ha il diritto di respingere la testimonianza di chi ha subito un'operazione, quando si tratta soltanto di sapere se l'operazione è stata dolorosa, con la scusa che il malato non conosce l'anatomia.

E che l'«operazione Hotel Santa Chiara» sia, per Venezia, davvero dolorosissima lo può dire chiunque abbia gli occhi. O meglio, chiunque non sia disposto a chiuderli.

«Gli edifici sono il ritratto dell'anima dei prìncipi», disse nel 1665 Gian Lorenzo Bernini, commosso all'idea di riprogettare il Louvre per il Re Sole. Anche noi oggi possiamo dire qualcosa del genere: l'edilizia è uno specchio fedele della società italiana.

Una società castale, anzi neofeudale, in cui le regole vengono sistematicamente calpestate a vantaggio dei privilegi dei nuovi padroni delle nostre città.

L'Aquila non c'è più

Ci ha messo quasi un anno ad andare all'Aquila, l'ombra-ministro per i Beni culturali del governo Monti. Chissà se questo prudente assenteismo si doveva al fatto che uno degli uomini più discussi della «ricostruzione», il vicecommissario Antonio Cicchetti (il gentiluomo di Sua Santità che si è costruito, tra le macerie, un super-resort di lusso),[18] è stato il direttore amministrativo di quell'Università Cattolica di cui Ornaghi è rimasto a lungo il rettore, anche se ufficialmente in sonno. Ci fosse andato prima, all'Aquila, il ministro avrebbe capito in una frazione di secondo che tutte le ciance sui Leonardo perduti, sulle costituenti della cultura-che-fattura, sul «brand Italia» e sulle sponsorizzazioni del Colosseo sono solo diversivi indecorosi.

La situazione dell'Aquila supera, infatti, anche la più catastrofica immaginazione. Il centro storico è una città spettrale, dove solo da pochi mesi sono partiti meno di trenta cantieri di restauro e dove alcune delle meravigliose e immense chiese monumentali (a cominciare dal Duomo) sono ancora a cielo aperto, o sono protette da ridicoli teli, e dunque in preda alla pioggia e alla neve.

Nel famoso discorso sulla Costituzione che tenne a Milano il 26 gennaio 1955, Piero Calamandrei disse che «una parte della nostra Costituzione è una polemica contro il presente»: ecco, camminare per l'Aquila permette di capire che l'articolo più polemico è, oggi, l'articolo 9. All'Aquila, infatti, la Repubblica ha sistematicamente tradito se stessa, rinunciando radicalmente a «tutelare il patrimonio storico e artistico della nazione italiana».

18. Sergio Rizzo, Gian Antonio Stella, «L'Aquila tre anni dopo: tutto uguale», *Corriere della Sera*, 7 marzo 2012.

Ma com'è possibile che quasi nessuno denunci più che a pochi chilometri da Roma si entra in un mondo parallelo, dove la Costituzione, la legge e la civiltà semplicemente non esistono?

Quando – nel marzo del 2011 – gli chiesi come potesse spiegare questa catastrofe, il vicecommissario con delega ai Beni culturali, Luciano Marchetti, mi rispose che i conflitti di competenze, la litigiosità degli aquilani (*sic*) e la mancanza di fondi bloccavano la ricostruzione. Me lo disse con tono svagato, in un ineffabile misto di rassegnazione e cinismo burocratico: e si capiva subito che, di questo passo, fra trent'anni il centro dell'Aquila sarà ancora nelle stesse condizioni. Aveva dunque ragione da vendere Italia Nostra, che chiedeva il ritorno alle competenze ordinarie delle soprintendenze (a cui il ministro dei Beni culturali dovrebbe fare massicce trasfusioni di personale e mezzi, se solo tutti i suoi predecessori non avessero ridotto il Mibac al lumicino), e l'avvio immediato dei lavori di ricostruzione.

All'Aquila dovrebbero andare anche gli storici dell'arte delle università e delle soprintendenze italiane. Perché magari ci renderemmo conto che continuare a gettare denaro ed energia nella spensierata industria delle mostre e dei Grandi Eventi è ora doppiamente criminale: proprio come organizzare una festa da ballo mentre il cadavere di un fratello giace nella stanza accanto.

Ma è a tutti gli italiani che farebbe bene vedere l'Aquila. È terribilmente illuminante visitare nelle stesse ore un'intera città monumentale distrutta e abbandonata, e le *new town* imposte da Berlusconi e Bertolaso, cioè gli insediamenti, sorti intorno alla città, che accolgono quasi metà dei circa 30.000 aquilani che vivevano in quel centro. Sono non-luoghi di cemento che sembrano immaginati da Orwell: anonimi, senza servizi, senza negozi, senza piazze. Con i mobili uguali in ogni appartamento, in comodato come tutto il resto. E con giganteschi televisori-alienatori che fanno da piazze e monumenti virtuali per un popolo che si vuole senza memoria, senza identità e senza futuro: e, dunque, senza la rabbia per ribellarsi. Deportare circa 13.000 aquilani in questo inferno è costato 833 milioni di euro. In questo *sprawl* di cemento (che ha distrutto per sempre una gran quantità di terreno agricolo) bambini di tre anni sanno cosa sono le C.A.S.E. (Complessi Antisismici Sostenibili Ecocompatibili: e c'è da sperare che siano almeno antisismici, perché tutto il resto non è vero), ma non sanno cos'è una città: futuri non-cittadini, perfetti per la non-società immaginata da Berlusconi. Come ha efficacemente scritto l'antropologo culturale aquilano Antonello Ciccozzi,

il lato oscuro di questa (ri)fondazione veicolata da un'emergenza rimanda a un sistema di finalità in cui i propositi sociali di aiuto umanitario paiono spesso eccessivamente contaminati da complessi d'interesse votati a usare la catastrofe anche come pretesto per praticare strategie nazionali di profitto economico (nelle abbondanti plusvalenze consentite da certe scelte) e di propaganda politica (nell'aura taumaturgica ottenuta attraverso la spettacolarizzazione dell'opera).[19]

Perché? Mancanza di soldi? No: per la ricostruzione sono già disponibili un po' meno di otto miliardi di euro sui quasi undici stanziati dal governo (così la relazione del ministro Fabrizio Barca, presentata il 18 marzo 2012). La verità è che

---

19. Antonello Ciccozzi, «Catastrofe e C.A.S.E.», in *Il terremoto dell'Aquila. Analisi e riflessioni sull'emergenza,* a cura dell'Osservatorio sul terremoto dell'Università degli Studi dell'Aquila, L'Aquila 2011.

la sovrapposizione dei poteri commissariali a quelli ordinari, e un getto continuo di «grida» contraddittorie, hanno portato a una surreale paralisi. Come denuncia ancora Italia Nostra, solo «con molto ritardo ci si è resi conto che le ordinanze e le altre normative elaborate all'indomani del sisma hanno immobilizzato la ricostruzione».

A gettare ombra sul futuro della ricostruzione del centro storico non sono solo gli oltre tre anni completamente perduti, ma anche la prospettiva che si affaccia nelle righe in cui Barca auspica «una modernizzazione e una funzionalizzazione del centro a nuovi modi di vivere, mestieri e professioni». Il riferimento è al cosiddetto progetto per «L'Aquila Smart City», uno studio dell'Ocse e dell'università olandese di Groningen che propone (oltre a molte cose del tutto condivisibili) di poter cambiare la destinazione d'uso degli edifici, permettendo ai proprietari «di modificare la struttura interna delle loro proprietà (in parte o in totalità) [...] conservando e migliorando allo stesso tempo le facciate storiche degli edifici». Italia Nostra ha chiesto di accantonare questa «incauta proposta», e Vezio De Lucia – uno dei più importanti urbanisti italiani – ha scritto che un'idea del genere rinnega la migliore scienza italiana del recupero del tessuto antico delle nostre città, secondo cui (almeno a partire dalla Carta di Gubbio, del 1960) «i centri storici sono un organismo unitario, tutto d'importanza monumentale, dove non è possibile distinguere, come si faceva prima, gli edifici di pregio (destinati alla conservazione), dal tessuto edilizio di base».

Il rischio è che qualcuno pensi di trasformare l'Aquila in una specie di set cinematografico, o di Disneyland antiquariale, fatta di facciate e gusci pseudo-antichi che ospitano servizi turistici in mano a potenti holding economiche. Si tratterebbe, cioè, di fare all'Aquila in un colpo solo ciò che un lento processo sta facendo a Venezia, o a Firenze: deportare i cittadini in periferie abbrutenti e mettere a reddito centri monumentali progressivamente falsificati. E non è una metafora, né una prospettiva lontana. Nel gennaio 2013 il sindaco dell'Aquila, Massimo Cialente, ha proposto di realizzare un grande centro commerciale sotterraneo proprio sotto Piazza del Duomo, con un parcheggio da cinquecento posti. Invece di ricostruire la città vera e storica, si mette letteralmente la testa sottoterra, immaginando un magico shopping center con le vetrine al posto delle chiese, e la luce artificiale al posto del cielo. E magari, un domani, si organizzeranno anche dei brevi tour per portare i clienti a visitare brevemente la «Pompei del XXI secolo» (la definizione è di Salvatore Settis) che li sovrasta. Ma basta vedere lo struggente documentario *Radici. L'Aquila di cemento* di Luca Cococcetta, o anche solo guardare in faccia gli aquilani, per comprendere che una prospettiva del genere equivarrebbe al suicidio del nostro paese: il paesaggio e il tessuto monumentale italiani non sono qualcosa di cui possiamo sbarazzarci impunemente. Sono la forma stessa della nostra convivenza civile, della nostra identità individuale e collettiva, del nostro progetto sul futuro. Così L'Aquila non è solo la metafora dell'Italia, ma rischia di rappresentarne anche il futuro: quello di un paese che affianca all'inarrestabile stupro cementizio del territorio la distruzione, l'alienazione, la banalizzazione del patrimonio storico monumentale, condannando così all'abbrutimento morale e civile le prossime generazioni.

Antonio Gasbarrini racconta che la notte del 6 aprile 2009 (più o meno all'ora in cui qualcuno, a Roma, sghignazzava pensando alla pioggia di cemento e denaro), sua figlia arrivò sconvolta, dal centro della città, e gli disse solo: «L'Aquila non c'è più».[20]

A quattro anni di distanza dal terremoto, è ancora così. L'Aquila non c'è più: e rischia di annunciare il futuro di molte città italiane.

20. Antonio Gasbarrini, *L'epopea aquilana del Popolo delle carriole. All'avanguardia dell'indignazione hesseliana*, Angelus Novus Edizioni, L'Aquila 2011, p. 137.

Quando ripeto le strade
Che mi videro confidente,
Strade e mura della città nemica;

E il sole si distrugge
Lungo le torri della città nemica
Verso la notte d'ansia;

Quando nei volti vili della città nemica
Leggo la morte seconda,
E tutto, anche ricordare, è invano;

E «Tu chi sei?», mi dicono, «Tutto è inutile sempre»,
Tutte le pietre della città nemica,
Le pietre e il popolo della città nemica,

Fossi allora così dentro l'arca di sasso
D'una tua chiesa, in silenzio,
E non soffrire questa luce dura

Dove cammino con un pugnale nel cuore.

Franco Fortini, «La città nemica», 1939

Sciacalli di passato

Pessimi Uffizi

Firenze teme di non essere abbastanza «contemporanea»: l'assessore alla Cultura – per esempio – è anche assessore «alla Contemporaneità», naturalmente con effetti tragicomici. Ma Firenze si sbaglia: non c'è città più capace di interpretare gli autentici valori del nostro tempo, primo fra tutti l'assoluto e totalizzante culto del denaro.

Per capirlo basta passeggiare per via Tornabuoni: il «salotto di Firenze», come si dice con un'espressione di sconfinata volgarità. E la volgarità sta nel fatto che chi lo dice pensa davvero che l'eleganza sia quella delle grandi griffe che hanno progressivamente espulso dalla via alcuni dei luoghi cruciali della socialità fiorentina, imponendo una ferrea omologazione ai precetti di un lusso mondiale che rende i nostri desideri (anche se non i nostri mezzi) identici a quelli degli oligarchi russi, o dei principi sauditi.

Scarpe, cinture, cravatte: Firenze è questo. E a questo riduce, fortissimamente, tutto il poco che resiste.

Lo ha scritto benissimo Antonio Tabucchi, nel 1999:

Firenze è una città volgare. Tale volgarità [...] non consiste tanto nella pacchianeria di una bellezza resa venale, e che contrasta peraltro con le deplorevoli condizioni in cui la città stessa è tenuta, al di là di ogni colore dell'amministrazione del momento. [...] Credo che Firenze, più che ogni altro luogo italiano, abbia saputo coagulare quasi magicamente in sé la volgarità che aleggia sull'Italia contemporanea (come forse su certi altri paesi europei) fino a farne una sorta di Weltanschauung, una specie di cappotto che l'avvolge, una spaventosa anima collettiva a cui nessuno sfugge e che significa spocchia, intolleranza, grossolanità. Insomma, la quintessenza dell'atteggiamento di un Paese che è stato povero come l'Italia e che all'improvviso è diventato ricco, senza che dell'appartenenza sociale, della borghesia che ha caratterizzato la civiltà europea, abbia posseduto la cultura. Ciò che anni fa prevedeva Pasolini, la spaventosa mutazione antropologica rivolta verso una omologazione del Brutto (inteso nel senso più lato) ha trovato paradossalmente in questa città rappresentante del Bello la sua più visibile epifania.[21]

21. Antonio Tabucchi, *Gli Zingari e il Rinascimento. Vivere da Rom a Firenze*, Feltrinelli, Milano 1999, pp. 8-9.

E l'epifania ha come inevitabile teatro i luoghi simbolo del patrimonio storico e artistico che l'ultima dei Medici, l'Elettrice Palatina, volle lasciare ai cittadini di Firenze, e che i fiorentini di oggi considerano alla stregua di un «quartierino in centro da dare in fitto».

Se vuoi un paio di stivali di Gucci devi pagare mille euro; se vuoi noleggiare gli Uffizi, basta pagare qualche migliaio di euro: Madonna l'ha fatto una domenica di giugno del 2012. Così la popstar ha potuto vedere i quadri del popolo italiano senza la noia del popolo italiano tra i piedi, e col vantaggio di noleggiare contestualmente anche la soprintendente di Firenze, Cristina Acidini, che le ha fatto da guida di lusso. Il giorno dopo, sul *Corriere Fiorentino*, si è letto:

> «Mi è parsa molto interessata soprattutto al periodo della Firenze di Lorenzo il Magnifico», ha detto Acidini, «alle opere del Botticelli, ma anche a tutte le spiegazioni che accompagnavano i dipinti dove si intersecano i miti pagani e il sacro». «Era molto attenta a tutto ciò che è filosofia e morale», ha concluso la soprintendente. Dopo gli Uffizi, attraverso il Corridoio Vasariano, Madonna è uscita nel giardino di Boboli, e ha chiesto di visitare la Galleria Palatina, prima di rientrare in hotel.

Hotel dove Madonna si è fatta cambiare la tazza del cesso, perché turbata all'idea di poggiare le natiche su uno smalto promiscuo, e soprattutto preoccupata di non lasciare reliquie incontrollate e gratuite: «Era molto attenta a tutto ciò che è filosofia e morale». Insomma: è Madonna che metabolizza gli Uffizi, privandoli della loro funzione sociale e culturale, non gli Uffizi a lasciare un segno su Madonna, che ovviamente non cambia di mezzo millimetro.

Il giorno dopo Madonna, ancora gli Uffizi a noleggio. Lo stilista fiorentino Stefano Ricci organizza due sfilate nel Corridoio di Ponente: una la fa aprire da una tribù di Masai, che corrono brandendo scudi e lance di fronte al *Laocoonte* di Baccio Bandinelli, sotto lo sguardo incredulo dei ritratti cinquecenteschi della Gioviana. Per la gioia di un Occidente narcisista che balla sull'abisso, tutto è merce, tutto è in vendita: gli abiti griffati, il museo e perfino i Masai, portati a Firenze come bestie da serraglio e numero da circo.

Le cronache permettono di capire che il vero tema della serata non erano gli abiti, né tantomeno la storia dell'arte, ma il lusso come valore assoluto. Ancora dal *Corriere Fiorentino* si apprende che il parterre comprendeva

Roberto e Eva Cavalli, Ermanno Scervino, Patrizia Pepe, Wanda Ferragamo e poi il sindaco Matteo Renzi e la soprintendente al polo museale fiorentino Cristina Acidini insieme a uno stuolo di clienti danarosi arrivati per l'occasione dai cinque continenti, molti dei quali hanno dovuto ripiegare sull'aeroporto di Pisa per «parcheggiare» il loro jet privato. Spettacolare anche l'after show, con una cena per pochi intimi approntata sulla terrazza degli Uffizi dallo staff dell'Enoteca Pinchiorri (nella carta firmata da Annie Feolde: crema di pomodoro crudo con mozzarella di bufala e basilico, crespella alla fiorentina con salsa al Parmigiano reggiano e pinoli tostati, e quaglia farcita ai funghi porcini con fagioli al fiasco), durante la quale è stato presentato anche il vino Stefano Ricci, appositamente selezionato da Giorgio Pinchiorri.

Una nota comunica che, in questo trionfo della sobrietà, l'obolo pagato per «privatizzare» i pubblici Uffizi è stato davvero risibile: 30.000 euro. Pochi giorni prima, il Louvre aveva accolto un pacchianissimo ricevimento di Ferragamo. Nemmeno quello è stato un bel segnale, ma i francesi hanno tenuto la sfilata fuori dalle sale del Museo, ben alla larga dalle opere (tutto si è svolto nel Peristilio Denon): e cionondimeno hanno ottenuto – si legge sui giornali – «alcuni milioni». Come dire: se si arriva a vendere il decoro pubblico, almeno che lo si venda caro.

Ma il punto non è questo. Gli Uffizi che Madonna e Ricci noleggiano a ore appartengono oggi al popolo italiano. Che li mantiene con le proprie sudatissime tasse non perché siano «belli», ma perché sono un potentissimo strumento di educazione alla cittadinanza e di innalzamento spirituale.

E questo era evidente fino a pochi anni fa. In un dibattito estivo su questi temi, un'anziana insegnante mi ha raccontato come il padre, contadino anarchico mugellano, ogni domenica mattina si mettesse il vestito della festa, caricasse la figliola sul calesse e la portasse non alla messa, ma agli Uffizi, dicendole: «Sono tuoi, e sono sacri». Qualcosa di non molto diverso l'ha raccontato lo stesso Antonio Tabucchi, in un'altra occasione: «Mio zio mi prendeva per mano, e mi faceva camminare nel corridoio del Vasari. Questo è un luogo sacro, mi diceva, ricordatelo bene».[22]

L'articolo 3 della Costituzione affida alla Repubblica il compito di «rimuovere gli ostacoli di ordine economico e sociale, che, limitando di fatto la libertà e l'eguaglianza dei cittadini, impediscono il pieno sviluppo della persona umana e l'effettiva partecipazione di tutti i lavoratori all'organizzazione politica, economica e sociale del Paese». Il patrimonio storico e artistico della nazione (menzionato – caso unico al mondo – sempre tra i principi fondamentali della Carta, pochi articoli dopo) è precisamente uno degli strumenti che permettono al-

---

22. Antonio Tabucchi, «Lettera ai ragazzi di Firenze», in Aa. Vv., *Feltrinelli per Firenze*, Feltrinelli, Milano 1993, p. 71.

la Repubblica di rimuovere quegli ostacoli, e di rendere effettiva la libertà e l'eguaglianza dei cittadini.

Ma se gli Uffizi diventano lo sfondo della «quaglia farcita ai funghi porcini con fagioli al fiasco»; se gli Uffizi diventano una location dove ostentare e celebrare l'onnipotenza del lusso, la diseguaglianza sociale ed economica e il trionfo del denaro di pochi; se gli Uffizi diventano la prosecuzione delle scarpe e delle borse con altri mezzi; se gli Uffizi vengono risucchiati da questo turbine di volgarità e ignoranza provinciali; se non è più possibile distinguere tra gli Uffizi e il Billionaire, ebbene, la Repubblica italiana prende un potentissimo strumento di educazione e di eguaglianza, che mantiene a caro prezzo con i soldi di tutti, e lo trasforma deliberatamente in un altrettanto potente mezzo di diseducazione e discriminazione.

È per questo che non si devono organizzare sfilate ed eventi mondani agli Uffizi. Per capirlo, e per farlo capire anche ai cultori della moda, dovrebbe bastare quel che diceva, nel Seicento, Jean de La Bruyère echeggiando secoli di riflessioni sul «decoro»:

> Le cose belle lo sono meno se fuori posto: la perfezione dipende dalle convenienze e le convenienze dalla ragione. Talché è inconcepibile una giga in cappella e un'enfasi teatrale in una predica; non si vedono immagini profane nei templi, un Cristo, per esempio, e il giudizio di Paride in uno stesso santuario, né si confanno a persone consacrate alla Chiesa la pompa e il seguito di un cavaliere.[23]

Il punto non è lo statuto artistico della moda, né il finanziamento del museo: ma la salvaguardia della funzione educativa di quest'ultimo.

23. Jean de La Bruyère, *I caratteri* (1688), Einaudi, Torino 1981, p. 305.

Ma dopo che il patrimonio storico e artistico della nazione italiana è stato costituzionalizzato, c'è una ragione più grande per non farlo. E la diceva benissimo, anche se in modo meno aulico, il comico americano Bill Hicks: «Piantatela di mettere il maledetto segno del dollaro su ogni fottuta cosa di questo pianeta».[24]

Il novanta per cento della nostra fatica quotidiana, ventitré ore delle nostre ventiquattro, nove decimi delle nostre città, la quasi totalità dei nostri desideri e del nostro immaginario sono asserviti al potere del mercato e del denaro. Se pieghiamo a questo stesso, unico fine anche il poco che resta libero e liberante ci comportiamo esattamente come il Re Mida del mito e delle favole: ansiosi di trasformare tutto in oro, non ci rendiamo conto che ci stiamo condannando a morire di fame. E, come ha detto in un improbabile momento di illuminazione Sergio Marchionne, Firenze è una città piccola e povera: una città che letteralmente muore di fame culturale e spirituale.

Floruit

E non ha alcuna intenzione di cambiare. Nell'autunno del 2012 si è rimanifestata Florens (nome da deodorante, che si scrive in latino, ma si legge in inglese), la seconda edizione della Settimana internazionale dei beni culturali e ambientali, che avrebbe come missione quella di «promuovere un nuovo modello per la valorizzazione del patrimonio culturale».[25]

24. http://www.youtube.com/watch?v=uZub-7ulikc

25. *Florens 2012. Studi e ricerche*, Bandecchi & Vivaldi, Pontedera 2012, p. 3.

Al contrario, la prima edizione consacrò il modello più vulgato di messa a reddito del patrimonio, essendosi risolta essa stessa in una pomposa kermesse punteggiata da eventi di dubbio gusto, come la collocazione di un prato effimero in piazza del Duomo, o il tour cittadino di un'imbarazzante versione in vetroresina dell'immancabile *David* di Michelangelo, tra sbandieratori e banchetti di salumi.

La seconda edizione, se possibile, è andata anche peggio.

«Gli Uffizi sono una macchina da soldi, se li facciamo gestire nel modo giusto».[26] Inaugurandolo con queste testuali, e indicibili, parole, il sindaco di Firenze ha colto l'essenza di Florens: che è la canonizzazione solenne dell'idea stessa di *one company town*. Il progetto di Florens sul futuro di Firenze è uguale al presente di una città che vive di un'unica fonte di reddito: il suo passato. Coerentemente, i posti d'onore del cast di Florens erano occupati da alcuni fra i più noti vampiri del patrimonio: quelli che da decenni hanno costruito la propria fortuna personale sullo sciacallaggio del passato. Sarebbe come invitare Berlusconi e D'Alema a parlare di rinnovamento della politica italiana.

I due «eventi» del 2012, poi, rappresentano esattamente ciò che non si dovrebbe fare. Che senso ha spostare in Battistero tre opere (i crocifissi di Donatello, Brunelleschi e Michelangelo) che non c'entrano nulla con quel luogo, e che non dialogano con quel contesto monumentale? Che senso ha interpolare il celebre confronto vasariano tra Donatello e Brunelleschi con il crocifisso giovanile di Michelangelo? La storia dell'arte dovrebbe fare tutto il contrario: educare alla lettura dei contesti storici e figurativi, cucire i grandi nomi degli artisti superstar al tessuto che tendiamo a non vedere.

26. *La Nazione*, 3 novembre 2012.

Invece qua il marketing prevale sulla ricerca, l'emozione seriale sulla conoscenza individuale, la retorica sulla ragione, l'evento sul monumento.

Aggiungiamo l'aspetto confessionale. Non è una mostra, ma un'«ostensione» (in una chiesa, piccolo dettaglio, dove di solito si entra a pagamento!). Tre opere d'arte che appartengono al Fondo Edifici di Culto del Ministero dell'Interno (e cioè a tutti gli italiani, anche a quelli atei o musulmani) vengono riportate alla condizione di icone da venerare. E il titolo (*Mysterium Crucis*) è davvero originalissimo: a Trapani quattro anni fa si chiamava così l'ostensione del crocifisso «di Michelangelo» comprato dal celebrato ministro dei Beni culturali Sandro Bondi (ma temo che non ci sia traccia di autoironia).

E non dimentichiamo gli ulivi secolari in vaso che hanno riempito piazza del Duomo, per rievocare il Getsemani: degna evoluzione del prato di due anni prima. In Italia esiste un movimento contro lo spostamento di quei monumenti naturali: contro la falsificazione kitsch del paesaggio, ma anche per la resistenza legalitaria (guidata da Libera di don Ciotti) contro i furti di ulivi secolari controllati dalla malavita in Puglia. Lasciamo perdere la validità estetica e intellettuale di questa trovata: ma siamo proprio sicuri che sia educativo incoraggiare (seppur, ovviamente, attraverso ulivi perfettamente legali) un modo tanto consumistico e decontestualizzante di guardare al paesaggio? E vi immaginate una cosa del genere a Barcellona, o a Parigi?

Non parliamo poi dell'opera di Mimmo Paladino: 100.000 euro spesi per una sorta di trasloco di marmi, con la brillantissima idea di tracciare una croce monumentale in piazza Santa Croce. Come si può pensare che un'opera calata dall'alto per qualche giorno, un'installazione che non ha nulla a che fare col vivo tessuto degli artisti attivi a Firenze possa «redimere» la socialità malata di quel quartiere? Davvero qualcuno pensa che qualcosa cambierà? E cosa dire del consumismo che esibisce tonnellate di marmo, incurante delle polemiche sull'insostenibilità del crescente fabbisogno di quella pietra e del conseguente stravolgimento delle città della costa apuana? O della coazione a occuparsi sempre e solo delle quattro o cinque piazze consacrate dal turismo di massa? E sì che l'artista ha parlato proprio di arte e spazio pubblico in una delle «lectio» magistrali (sì, nel programma si usa «lectio» anche al plurale: il latino non è una macchina da soldi, dunque si può benissimo usarlo senza conoscerlo).

Ma a Firenze nessuno si sottrae all'unica vera fonte di reddito: lo sciacallaggio del passato.

Nel torrido luglio del 2011 per le strade della città si raccoglievano firme per ottenere la «restituzione» temporanea della *Gioconda*. L'idea di costringere il Louvre a prestare Monna Lisa con una petizione è di un personaggio che sembra uscito dal bar di *Guerre stellari*: Silvano Vinceti, lo «scopritore» delle ossa di Caravaggio a Porto Ercole. Autore del format «Enigmi del passato» e presidente degli Ambientalisti Liberali (confluiti in Forza Italia nel 2008, con la benedizione di Denis Verdini), Vinceti presiede il Comitato per la valorizzazione dei beni storici, culturali e ambientali: non, come il nome indurrebbe a credere, un organo istituzionale, ma un'associazione privata che definisce la propria azione in termini di «gratuito marketing del nostro patrimonio culturale», e che è venuta alla ribalta per aver chiesto la riapertura delle indagini sulla morte di Pasolini e per aver «scoperto» negli occhi di Monna Lisa delle microiscrizioni (ovviamente inesistenti) che proverebbero che il quadro ritrae in realtà un amante (senza apostrofo) di Leonardo.

Ma Vinceti non è solo. L'assessore alla Cultura della Provincia di Firenze, che è Carla Fracci, è salita sugli scudi come neanche contro la guerra del Vietnam: «Bisogna mobilitare il mondo intero perché il capolavoro venga riportato a Firenze. Bisogna provarci, a costo di andare tutti a Parigi, in coda davanti al Louvre».[27] Un altro assessore (Stefano Giorgetti, che si dovrebbe occupare di Patrimonio, Edilizia, Protezione civile, Trasporti e mobilità) ha chiarito che la Provincia sostiene l'iniziativa, e anzi «sta valutando come fare il Museo di Leonardo Pittore nell'ex convento di Sant'Orsola, lo stesso luogo dove [Vinceti] scava per trovare i resti di monna Lisa Gherardini».[28]

A Vinceti, però, la Provincia non basta, e quasi si indigna quando invita

> il sindaco di Firenze Matteo Renzi a battere tre colpi, se c'è: Firenze fu città di formazione di Leonardo come pittore, e ci si aspetta dal Comune un atto storico aderendo a questa iniziativa, anche per incentivare il turismo culturale. Il nostro Comitato può mobilitare le persone ma poi devono agire le istituzioni, tra cui il Governo, quando ci sarà da trattare con il Louvre per chiedere ufficialmente la Gioconda in prestito.[29]

Ma Matteo Renzi quel giorno non poteva parlare di Leonardo: perché era impegnatissimo a parlare di Michelangelo. Come vedremo, aveva appena sparato nell'orbita mediatica l'incredibile pallone della realizzazione della facciata buonarrotiana per la Basilica di San Lorenzo.

27. *Il Tirreno*, 25 giugno 2011.

28. *La Repubblica*, cronaca di Firenze, 28 luglio 2011.

29. *Ibidem*.

E gli attori sociali fiorentini cosa dicono di questo delirio storico-artistico? Si può rammentare il cospicuo silenzio di due cattedre che si presumerebbero assai titolate a parlare: quella universitaria e quella ecclesiastica. Nessuna di queste due assenze, tuttavia, è casuale: la vocazione allo sciacallaggio del passato vince e avvince ogni altra vocazione.

A Firenze, la storia dell'arte come disciplina accademica è stata scientemente massacrata da decenni di scelte sbagliate, affarismi, disimpegni e autismi: e nemmeno le ultime, provvidenziali trasfusioni di sangue fresco e autorevole stanno riuscendo a rianimare un settore che sarebbe strategico almeno quanto è attualmente ridotto all'afasia e all'irrilevanza. Del resto, un episodio degli stessi mesi aiuta a valutare la capacità critica dell'establishment universitario fiorentino.

La facoltà di Architettura sta valutando di vendere a privati il fiorentino Palazzo San Clemente, che sorge tra via Micheli e via Capponi. Le visite dei potenziali compratori sono già iniziate, e risulta che la destinazione d'uso potrebbe cambiare radicalmente: da sede dei dipartimenti di Costruzioni e restauro, e di Urbanistica e pianificazione del territorio (nonché di buona parte della biblioteca e di alcuni importanti archivi storici), a sede di un albergo di lusso. E cioè: da luogo dove si impara a tutelare e conservare l'architettura del passato, ad architettura essa stessa stravolta e violata per essere suddivisa in camere. E ancora: da luogo dove si studia la più virtuosa distribuzione dei nostri preziosi spazi storici, a spazio esso stesso privatizzato; da luogo votato al reddito culturale collettivo, a luogo deputato a produrre reddito monetario privato.

Una simile, traumatica involuzione sarebbe doppiamente simbolica: non solo perché coinvolge proprio la facoltà di

Architettura, ma anche per lo straordinario interesse storico del palazzo. «Una stupendissima fonte ha fatto far il signor Luigi di Tolledo al suo giardino [...] il quale, per ricchezza di diverse varie fontane [...] non ha pari in Fiorenza, né forse in Italia».[30] Così, nel 1568, le *Vite* di Giorgio Vasari celebravano lo spettacolare luogo di delizie che il cognato del duca Cosimo si andava costruendo nei pressi della Santissima Annunziata. L'ambizione di don Luigi era anche superiore alle sue non modeste finanze, e così già cinque anni dopo l'elogio vasariano egli fu costretto a vendere quella smisurata fonte alla città di Palermo, che ancora la conserva col nome di Fontana Pretoria: e meno male, sennò ora ci metterebbero le aragoste del ristorante di lusso che immancabilmente arriverà. Ma il sogno di Luigi di Toledo rimase comunque incarnato in un giardino e in un palazzo destinati a non scomparire. Nel Seicento i Guadagni lo fecero ristrutturare dal notevole architetto Gherardo Silvani e affrescare da un Volterrano al suo meglio; alla fine del Settecento passò a uno Stuart che avanzava pretese sul trono d'Inghilterra, e infine giunse al duca di San Clemente, che gli lasciò il nome con cui oggi il palazzo è noto. La vera decadenza (e questo è un ben triste paradosso) iniziò nel 1966, con la vendita all'università e con la destinazione alla facoltà di Architettura: il grande prato venne asfaltato, le statue vennero lasciate andare in malora, gli affreschi traforati da osceni lumi al neon. Ma, come spesso succede in Italia, alla mortifera cecità dell'istituzione si oppone la probità e la dedizione di alcuni dei membri di quella

30. Giorgio Vasari, «Degl'accademici del disegno e dell'opere loro» (1568), in *Vite de' più eccellenti pittori, scultori e architettori*, nelle redazioni del 1550 e del 1568, a cura di Rosanna Bettarini e Paola Barocchi, Studio per Edizioni Scelte, Firenze, VI, 1987, p. 248.

stessa istituzione. Così il palazzo e il suo mitico giardino hanno, per esempio, trovato uno storico competente e appassionato in Luigi Zangheri, e un «infermiere delle pietre» instancabile in Carlo Alberto Garzonio (direttore del Laboratorio materiali lapidei e geologia applicata all'ambiente e al paesaggio), entrambi professori dei dipartimenti ospitati nel palazzo stesso. Oggi, però, questa storia viva e chiaroscurata sembra giunta a un bivio finale, e il palazzo pare in procinto di essere risucchiato dal tritacarne del passato fiorentino.

E veniamo alla Curia. Il cardinale arcivescovo Giuseppe Betori è un attore protagonista delle edizioni di Florens, e più in generale è anche lui un entusiasta utilizzatore finale del passato. Nel 2011 ha fatto propria l'idea di «impreziosire l'anno Italia/Russia con uno scambio di capolavori dell'arte sacra» (così, letteralmente, l'ideatore della kermesse: il professor Alberto Melloni). L'idea era semplice: la Galleria statale Tret'jakov di Mosca avrebbe dovuto prestare il famoso *Salvatore* di Zvenigorod, dipinto da Andrej Rublëv (da esporre alla contemplazione nel solito Battistero di Firenze, ormai una sala-mostre: ma va da sé che alla fine i russi ci hanno spedito opere assai meno pregevoli), ricevendo in cambio nientemeno che la gigantesca *Croce di Ognissanti* di Giotto. Ma nonostante le pressioni di Betori sulla Soprintendenza di Firenze (notoriamente proclive a compiacere le richieste altolocate), il progetto si è scontrato con il rigore dell'Opificio delle Pietre Dure, che in una relazione tecnica del maggio 2011 ha certificato che l'opera avrebbe corso «gravissimi rischi». A quel punto si è provato a ripiegare su un'altra croce giottesca, quella che si trova sull'altare di San Felice in Piazza, sempre a Firenze: ma anche in quel caso, per fortuna, le ragioni della conservazione hanno prevalso su quelle della politica. In terza istanza questa sorta di *quête* cavalleresca sembrava approdata all'opera «giusta»: la croce dipinta, intorno al 1310, dal pittore fiorentino Lippo di Benivieni per la distrutta chiesa di San Pier Maggiore. Nonostante sia alta oltre quattro metri, la croce di Lippo ha il grosso «vantaggio» che le è già successo ciò che le altre due avrebbero rischiato: è stata alluvionata nel 1966 e la sua pellicola pittorica è stata dunque staccata dalle tavole originarie e assicurata a un supporto che dovrebbe essere più sicuro. Ma nemmeno questa soluzione poteva funzionare: il nome del buon Lippo essendo poco risonante nella taiga. Così, alla fine, la missione russa è toccata nientemeno che a un'opera chiave della giovinezza di Giotto, la delicatissima *Madonna* di San Giorgio alla Costa, sempre conservata a Firenze, ma nell'ovviamente disponibile Museo diocesano.

L'ipotesi Lippo di Benivieni era tuttavia interessante, perché l'enorme croce appartiene al Museo dell'Opera di Santa Croce, sempre a Firenze. La quale Opera non è diretta da uno storico dell'arte, ma da una politica, Stefania Fuscagni, già parlamentare e oggi capogruppo Pdl a Fiesole. La gestione dell'Opera è, in effetti, piuttosto disinvolta: da un paio d'anni, per esempio, il portico gotico che cuce la basilica francescana alla città è stato devastato. La prima sensazione, passandoci accanto, è che un pullman di turisti ci sia stato parcheggiato sotto: e l'analogia non funziona solo sul piano metaforico, ma anche su quello formale, perché la sagoma è proprio quella di un lungo parallelepipedo metallico e vetrato. Poi ti avvicini, e scopri che si tratta di una biglietteria, formata da due corpi: il lungo «pullman» e poi un box analogo, ma più piccolo, «parcheggiato» alla testa del portico, proprio dietro le spalle del monumento a Dante. Entri, domandi, e speri di sentirti dire che si tratta di un allestimento effimero per qualche fiera: una specie di versione cool dell'imbarazzante mercatino similtirolese che ogni Natale piove sulla piazza. Manco per sogno: si tratta di una struttura permanente. Una biglietteria e un ufficio informazioni che «accolgono» chi vuol vedere il tempio che, secondo Foscolo, fa Firenze ancora «più beata».

Ma come si fa a inserire un abominio del genere in una struttura gotica? Per quanto rimaneggiato nell'Ottocento, il portico è un luogo storico denso di memorie funerarie e segnato da due arche monumentali trecentesche: non solo trovo incredibile che l'Opera di Santa Croce abbia potuto avere un'idea tanto empia, ma è ancora più sconcertante che la Soprintendenza l'abbia autorizzata. Ho sempre pensato che la piccola, e profondamente diseducativa, simonia di far pagare un biglietto a chi vuol entrare in una chiesa «facesse male» a quella chiesa: e a Santa Croce questo è diventato vero anche materialmente. Ma la Curia di Firenze non è dello stesso avviso: se voglio entrare in Battistero (dove sono stato battezzato) devo mettere mano al portafogli, e l'Opera del Duomo di Firenze ha avuto la pessima idea di istituire una tessera taglia-coda a pagamento per l'accesso in cattedrale, così chi è disposto a pagare entra subito, in un pallido, squallido remake della vendita delle indulgenze.

Ancora. La sfilata inaugurale di Pitti 2011 si è tenuta nella chiesa di Santo Stefano al Ponte. Certo, si tratta di una chiesa sconsacrata, ma ancora perfettamente leggibile come luogo sacro, e per di più appartenente alla Curia stessa. Le modelle si sono spogliate nella cripta, hanno sfilato nella navata dove un tempo spirava l'eterea spiritualità di una pala del Beato Angelico, e hanno posato – seminude – per i fotografi su un altare dove per secoli si è celebrato il sacrificio eucaristico. E non è stato un incidente. Il sito www.santostefanoalponte.com definisce la chiesa «una location elegante e singolare, ideale per organizzare eventi esclusivi nel cuore di Firenze», «mentre la cripta sottostante, ideale per gli eventi più ristretti, ha una capacità massima di novanta persone». Ovviamente sul sito non mancano invitanti fotografie, in cui si vede l'aula liturgica piena di tavoli apparecchiati, affettatrici e altre decorosissime presenze. E qui, almeno, la scelta è chiara: e fa venire in mente un celebre passaggio di Don Milani, che – rimproverando la scuola pubblica di promuovere i figli dei ricchi e bocciare quelli dei poveri – scriveva: «Certe scuole di preti sono più leali... Mattina e sera al servizio d'un padrone solo. Non a servire due padroni come voi».[31] Quel padrone solo era il denaro. La Curia fiorentina questa lezione l'ha imparata.

Nel 1986 moriva l'ultima dei Martelli, Francesca. Il suo testamento destinava al Seminario Maggiore di Firenze il palazzo di via Zannetti e tutte le opere d'arte in esso contenute, alcune delle quali importantissime. Un preciso onere testamentario disponeva che il complesso dovesse essere aperto al pubblico, secondo modalità decise dall'arcivescovo *pro tempore*. Nel libro dedicato alla collezione Martelli da Alessandra Civai si precisa che l'accesso avrebbe dovuto essere previsto «almeno una volta alla settimana».[32]

Dal 1998 il proprietario non è più il Seminario, ma lo Stato, che lo ha sostanzialmente comprato, pagando alla Curia diciassette miliardi e mezzo di lire, e poi lo ha restaurato e riallestito, naturalmente a proprie spese. Oggi lo si può visitare proprio per l'equivalente di un giorno alla settimana: ma

31. Scuola di Barbiana, *Lettera a una professoressa* (1967), Libreria Editrice Fiorentina, Firenze 1988, p. 65.

32. Alessandra Civai, *Dipinti e sculture in casa Martelli*, Opus Libri, Firenze 1990, p. 114.

solo su prenotazione. Il vantaggio ottenuto dalla Curia è ovvio: dov'è, invece, il vantaggio per lo Stato?

Ripercorriamo brevemente la vicenda dell'eredità Martelli, che si intreccia a quella dell'eredità Bardini. Per soddisfare le singolari volontà testamentarie di Ugo Bardini (1965), e assicurare quindi al pubblico l'importante complesso collezionistico monumentale e ambientale lasciato dal grande antiquario che era stato suo padre Stefano, era necessario che lo Stato spendesse l'equivalente del valore dell'eredità (stimato in oltre trentatré miliardi di lire) per acquistare e destinare agli Uffizi o al Bargello una o due importanti opere d'arte create entro lo scadere del Cinquecento. Nel 1996, il padre-padrone della Soprintendenza di Firenze Antonio Paolucci (allora ministro per i Beni culturali nel governo del fiorentinissimo Lamberto Dini) trovò i soldi per sbloccare la situazione. Si decise, quindi, di comprare due elementi di un polittico di Antonello da Messina per gli Uffizi, e lo Stemma Martelli di Donatello per il Bargello.

L'importanza storica, la rarità e la qualità resero chiaro che l'acquisto dell'Antonello era un'ottima soluzione, anche se non mancarono perplessità sulle condizioni di conservazione, e dunque sulla congruità della somma (la mediazione, sia detto per inciso, fu gestita dallo stesso mercante che alcuni anni dopo avrebbe venduto allo Stato il famigerato crocifisso attribuito a Michelangelo, sempre auspice il Paolucci). Ma nemmeno la scelta della scultura era legata solo all'indubitabile eccellenza dell'opera. Il punto era che essa apparteneva ancora alla collezione Martelli, e dunque alla Curia.

Nel 1989 la collezione era stata vincolata complessivamente, ma ciò non era bastato a proteggerla. Non solo alcuni oggetti erano stati illegalmente trasferiti presso l'arcivescovato (e questo già nell'ottobre del 1986, in occasione della visita di Giovanni Paolo II a Firenze), ma nel 1992 il palazzo aveva subìto un inquietante furto. Proprio mentre il soprintendente Paolucci, a più riprese, invitava la Curia «a provvedere miglior custodia e controllo del patrimonio artistico Martelli», il fratello dell'allora arcivescovo, cardinale Silvano Piovanelli, si appropriava di decine di opere d'arte, immettendole sul mercato antiquario. Si deve poi notare che alcuni ambienti del complesso, lasciati dalla Martelli alla parrocchia di San Lorenzo perché servissero alla sua azione pastorale, furono invece prontamente venduti a società private con fini di lucro, costringendo lo Stato a esercitare la prelazione. Il che aiuta a rammentare che quando si parla della Curia arcivescovile di Firenze, non si parla di Libera o della Comunità di Sant'Egidio, ma di uno dei primi poteri economici della città. Nel luglio del 1996, Paolo Piovanelli patteggiava la pena di un anno e mezzo di reclusione per furto continuato e aggravato. L'allora ministro, e attuale direttore dei Musei Vaticani, pensò di risolvere l'imbarazzante situazione attraverso un accordo in forza del quale, se lo Stato avesse acquistato lo stemma donatelliano, la Curia avrebbe donato allo Stato il palazzo, e quanto vi era conservato. Così fu: nel novembre 1996 l'arcivescovato incassò i diciassette miliardi e mezzo per la scultura, e nel maggio del 1998 venne firmato l'atto di donazione. Poiché l'acquisto dello Stemma Martelli si portava dietro tutto il complesso, si disse che esso soddisfaceva al criterio della «massima convenienza per lo Stato». Ma fu davvero così? Fu giusto spendere una notevolissima somma di denaro pubblico per assicurare allo Stato un patrimonio (vincolato, indivisibile e fruibile) che si trovava in proprietà non già di un qualche pericoloso faccendiere, ma di un ente della solidità finanziaria, culturale e (si vorrebbe dire) morale della Curia di Firenze? In altre parole, la Curia non vendette forse allo Stato e a Firenze qualcosa che apparteneva già, sostanzialmente se non giuridicamente, alla comunità nazionale e a quella cittadina? Il ministro Paolucci e la Soprintendenza di Firenze avevano, d'altra parte, un'ottima alternativa. Lo Stato poteva infatti pretendere dalla ricca Curia fiorentina una gestione esemplare del complesso, imponendo gli stessi pesi e offrendo gli stessi aiuti che esso prospetta a ogni privato cittadino che possieda un bene vincólato. La collezione Martelli sarebbe così potuta diventare un museo della diocesi, aperto al pubblico almeno un giorno per settimana. I vantaggi di questa soluzione sarebbero stati numerosi. Per riscattare l'eredità Bardini lo Stato avrebbe potuto comprare un'altra, importante opera d'arte, magari più a rischio o comunque più remota dal pubblico godimento; lo Stato non si sarebbe accollato un'ulteriore fonte di spese; non si sarebbe commessa l'assurdità storica e museografica di trasferire al Bargello lo Stemma Martelli, spezzando così il filo diretto che (nonostante gli spostamenti all'interno delle proprietà di famiglia) lo legava alla sua committenza originaria (laddove, ancora nel 1911, i Martelli avevano fatto sapere che «non intend[evano] né hanno mai inteso, per ragioni di dignità e di sentimento familiare, cedere allo Stato lo stemma»[33]); si sarebbe onorata la volontà dell'ultima Martelli, la quale aveva preferito la Chiesa allo Stato, e aveva voluto lasciare perfettamente integro il patrimonio familiare superstite.

Ma il vero vantaggio sarebbe stato il messaggio politico. Un messaggio riassumibile in questi termini: lo Stato non premia coloro che (a dir poco) rendono vulnerabile il patri-

33. *Ibidem.*

monio artistico; lo Stato ha la forza di imporre il rispetto della legge, e non ha dunque bisogno di svenarsi per acquistare tutti i patrimoni privati potenzialmente in pericolo; lo Stato non è disposto a subentrare alla Chiesa nella conservazione del patrimonio artistico che è stato ad essa affidato. Lasciare nel suo contesto il pezzo più illustre della collezione avrebbe poi affermato chiaramente che la lacerazione del tessuto storico in nome della musealizzazione non è più il percorso elettivo della tutela pubblica. In altre parole, lo Stemma Martelli non è importante solo perché è un «capolavoro» che fa serie con le opere di Donatello conservate al Bargello, ma perché è, letteralmente, segno vivo ed eloquente di una indivisibile storia di «dignità» civica. Quell'opera, dunque, si deve conservare non solo perché eccellente artisticamente, ma anche per i nessi profondi e parlanti che la legano a un'identità storica: un'identità particolare, certo, ma che articola e riflette l'intera storia nazionale.

Il tratto di strada che ormai si frappone tra lo Stemma e il Palazzo Martelli è una potente metafora dell'abisso culturale che ancora ci separa da una seria e lungimirante politica della tutela. Ma è anche un simbolo del cinico rapporto che sottopone gli spazi pubblici al mercato, e lega la Curia fiorentina al patrimonio artistico, anche religioso, del passato.

Non meno cinico è l'atteggiamento degli altri attori istituzionali fiorentini. Prendiamo la banca cittadina: la Cassa di Risparmio. Uno dei più straordinari documenti architettonici del Novecento a Firenze è proprio il salone della sede centrale della Cassa, in via Bufalini, progettato da Giovanni Michelucci e realizzato tra il 1954 e il 1957. Non si tratta di un luogo qualunque: il «mago» Michelucci ha pensato e disegnato ogni dettaglio di quell'interno (dalle luci alle sedie, perfino scegliendo le venature del legno con cui rivestire il lunghissimo bancone delle operazioni bancarie), vegliandone l'esecuzione come un artigiano innamorato della materia e delle forme. E, nonostante alcune modifiche, fino ad oggi tutto questo esiste ancora.

O meglio esisteva: proprio ai nostri giorni quel salone ci è stato restituito profondamente e indelebilmente alterato. Il grande bancone (cioè l'anima stessa del salone) è stato tagliato in tre tronconi, snaturando il progetto di Michelucci. Il salone è di proprietà dell'Ente Cassa di Risparmio, che lo affitta alla banca, la quale oggi è controllata da Banca Intesa: ed è proprio quest'ultima ad aver voluto adeguare la sala alle esigenze della vita attuale di un'agenzia bancaria. Quando la Soprintendenza architettonica di Firenze si è trovata di fronte alla determinazione a stravolgere profondamente quel luogo, aveva due possibilità: apporre un vincolo (motivato dall'unicità storica e artistica di un ecosistema formale come quello), o aprire una trattativa. Nel timore di conseguenze peggiori (l'alienazione, o l'abbandono dei locali) è stata scelta la seconda strada, coinvolgendo la Fondazione Michelucci e pervenendo, infine, a un accordo che ha portato a quello che si potrebbe definire un «danno sostenibile»: far sopravvivere l'organismo del Salone, ma a prezzo di permettere che venisse mutilato. Non sarebbe stato possibile, invece, adattare il format del lavoro di Banca Intesa alle forme di Michelucci, invece che fare il contrario? Oso pensare che non fosse impossibile: magari applicando un po' di quella flessibilità che proprio il mondo del mercato ha eletto a sua cifra simbolica. E suppongo che se questo dibattito si fosse svolto in pubblico, una simile soluzione sarebbe stata ancora più raggiungibile. Ma se, comunque, si fosse capito che tutela e uso non sarebbero stati conciliabili, quale avrebbe dovuto prevalere?

La musealizzazione è sempre una sconfitta, perché separa lo spazio della vita e lo spazio dell'arte, facendo perdere a quest'ultima ogni funzione che non sia estetica, e relegandola in una splendida superfluità. Ma la musealizzazione di un'opera è pur sempre un male minore, rispetto a una sua distruzione, parziale o totale. E vedere il salone di Michelucci trasformato in un museo sarebbe stato triste, certo: ma meno triste che vederlo violato. E viene da chiedersi se la sensibilità culturale di coloro che si propongono come i «nuovi mecenati» non debba indurli innanzitutto a tutelare i loro stessi beni simbolici. Ma, ancora una volta, il potere del mercato plasma irresistibilmente gli spazi pubblici.

Sciacalli di titoli

Non si possono dimenticare gli sciacalli del passato per antonomasia: gli aristocratici fiorentini. E qui l'episodio più illuminante risale a qualche anno fa.

Ogni due anni si celebra a Firenze la principale mostra italiana dell'antiquariato: un'ottima occasione per rivedere Palazzo Corsini al Parione, bellissimo anche quando è trasformato nella vetrina mondana del mercato dell'arte del passato. Ma più alto della qualità, a volte davvero sostenuta, delle opere in vendita, rischia di essere il livello della retorica, smaccatamente ipocrita, che celebra l'iniziativa. A ogni edizione vengono per esempio tributati grandi elogi alla sensibilità culturale dei padroni di casa, i Corsini: e nessuno ricorda che la mostra affitta proprio le sale che i sensibilissimi principi sgombrarono smembrando e mettendo all'asta la più importante biblioteca privata di storia dell'arte della città.

A chi, negli afosi pomeriggi dello scorcio del settembre fiorentino del 1994, fosse venuto il desiderio di entrare negli imponenti ambienti del palazzo non sarebbero mancati motivi di stupore. Passati velocemente in rassegna gli appartamenti del piano terreno (colmi degli oggetti esposti per la vendita), e saliti al piano nobile, si era colpiti da un panorama singolare, non preannunciato dal catalogo dell'asta, organizzata da Sotheby's, che recava l'intestazione «Arredi e decorazioni dalle soffitte e dai guardaroba di Palazzo Corsini e da altre tenute della famiglia»: una moltitudine di scatole nel salone del trono e in altre due sale, e numerose scansie, accoglievano ciò che appariva una massa incoerente di libri. Ma, dopo qualche ora trascorsa a rovistare, a trarre fuori i libri e a leggerne i frontespizi, la marea degli oltre diecimila volumi si denunciava per quel che era: una coerente e completa biblioteca ottocentesca, che si apriva fino agli anni Dieci del Novecento e che comprendeva le voci più importanti della cultura europea dal Cinquecento in poi. Si avvertiva l'organicità dell'unitario e solidale *corpus* della biblioteca di uno studioso. Le date di edizione, gli atti completi di molte istituzioni fiorentine, la *ratio* delle scelte e soprattutto le iniziali intrecciate su quasi tutti i frontespizi chiudevano agevolmente il cerchio del ragionamento, indicando il creatore della biblioteca in don Tommaso jr. (1835-1919).[34]

Tommaso Corsini fu un personaggio importante della scena italiana della fine del XIX secolo, per le iniziative economiche (presidente della Fondiaria Assicurazioni, delle Strade

---

34. Le notazioni biografiche che seguono sono perlopiù tratte da Augusto Alfani, «Il principe don Tommaso Corsini. Commemorazione letta nella sala di Luca Giordano il 14 dicembre 1919», in *Atti della Società Colombaria*, 1918-20.

Ferrate Meridionali, della Cassa di Risparmio di Firenze; si imparentò con i Bastogi e i Fenzi, rafforzando le finanze familiari) e politiche (prima deputato e poi senatore del Regno; cugino e sodale dell'influente pluriministro fiorentino Luigi Guglielmo Cambray Digny). Era assai in vista nell'ambiente fiorentino: proprietario del quotidiano *La Nazione*, fece parte del Consiglio comunale e, dal 1880 al 1886, fu sindaco. In questa veste riprese i restauri di Palazzo Vecchio, e poi quelli di Palazzo Medici Riccardi, organizzò le grandi feste per lo scoprimento della facciata del Duomo, intraprese con Giuseppe Poggi la ridefinizione urbanistica della città, pose all'ordine del giorno la costruzione di una nuova sede per la Biblioteca Nazionale. Ma la natura di studioso, la predilezione per gli studi storico-artistici e l'impegno per il patrimonio monumentale e culturale di Firenze lo condussero alla presidenza dell'Associazione per la difesa di Firenze antica, della Commissione provinciale per la conservazione dei monumenti e degli oggetti d'arte, e alla vicepresidenza della Deputazione di Storia Patria. Membro onorario dell'Accademia dei Georgofili (i cui Atti comparivano infatti alla rinfusa in una delle casse), successe a Gino Capponi come presidente della Colombaria, ospitando talvolta nel palazzo al Parione le sedute accademiche, e mettendo in luce quella «signorile ospitalità della quale il patriziato fiorentino si onorò sempre verso gli umani studii», come ebbe a dire il politico e letterato fiorentino Isidoro del Lungo (il quale, oggi, si metterebbe le mani nei capelli, suppongo).

Riordinatore dell'archivio di famiglia, ebbe sempre a cuore la conservazione e la fruizione dei patrimoni:

Una delle sue più vive sollecitudini fu quella di favorire la conservazione e la integrità degli Archivi privati. Ma conservarli fedelmente non vuol punto dire sbarrarne agli studiosi l'accesso; fra il disperdere e l'interdire c'è il conservare e il mostrare, giovando così alla storia, alla tradizione, alla civiltà.[35]

Sempre si dimostrò sollecito verso lo Stato: i reperti delle campagne di scavo nella tenuta di famiglia della Marsiliana furono offerti all'Archeologico di Firenze, e ottocento volumi di Atti parlamentari irreperibili nelle biblioteche fiorentine furono donati all'Archivio di Stato (li avremmo altrimenti visti nei cartoni in compagnia del resto). Ma fu nel 1883 che il principe diede la prova più fulgida: volendo vendere il palazzo di famiglia alla Lungara a Roma, dopo aver preso contatti con vari potenziali acquirenti, risolse di venderlo allo Stato, per ospitarvi l'Accademia dei Lincei. In quell'occasione il Tommaso fece dono allo Stato della splendida quadreria e della raccolta di stampe contenute nel palazzo, e, sebbene sciolto dai vincoli fidecommissari e potendo quindi venderla o portarla a Firenze, donò ai Lincei la mirabile Biblioteca Corsiniana, «desiderando giovare ai buoni studi ed alle belle arti e dare solenne testimonianza del suo affetto a Roma».[36]

Il mecenatismo corsiniano si era appunto tradotto, tra Sei e Settecento (grazie ai cardinali Neri sr., jr., e Lorenzo, divenuto papa Clemente XII), nella creazione della grandiosa biblioteca romana, unica raccolta privata protetta dalla scomunica verso chiunque avesse sottratto o venduto un solo volume. La liberalità della famiglia fece sì che nel 1754 fosse

35. Ivi, p. 10.

36. Dall'articolo 12 del contratto di vendita del Palazzo Corsini allo Stato, in *Transunti dell'Accademia dei Lincei*, VII, 1883, p. 337.

«trasferita dall'uso proprio e privato al pubblico e comune»,[37] e che rimanesse da allora aperta quattro ore al giorno, e soprattutto quando le altre biblioteche erano chiuse. In questa illustre tradizione Tommaso formò la propria biblioteca personale a Firenze (nella quale era confluito verosimilmente il nucleo librario Rinuccini, ereditato dalla madre, ultima della famiglia), strumento di studio e supporto delle molte iniziative che abbiamo visto:

> Di lui innanzitutto fu proverbiale la passione per i libri. Non esageriamo punto affermando che egli aveva letto gran parte dei molti volumi ed opuscoli da lui via via posseduti; e tal cosa egli attesta, pur non volendo, da sé, perché aveva l'abitudine di leggerli con un lapis in mano, e di notare concisamente in margine le sue impressioni e giudizi, tantoché queste note si trovano in essi continuamente profuse. [...] Ma è doveroso soggiungere che tutti i suoi libri tenne sempre e volentieri anche a piena disposizione degli amici studiosi, i quali sapevano bene come la sua libreria fosse ricchissima per quantità di opere, ed elettissima per la loro qualità...[38]

La mesta visione delle scatole colme di libri faceva intendere come si squadernasse sul pavimento l'intera cultura dell'Europa moderna («...libri ed opuscoli annotava sovente nella lingua in cui erano scritti: francese, inglese, tedesca, spagnuola, latina...»): i grandi letterati tedeschi e francesi dell'Ottocento, i *philosophes* spesso nella *princeps*, due co-

37. Dalla lettera del bibliotecario Querci a Giovanni Lami del 5 febbraio 1755, in cui si descrive minutamente la Corsiniana, in Olga Pinto, *Storia della Biblioteca Corsiniana e della Biblioteca dell'Accademia dei Lincei*, Olschki, Firenze 1956, p. 34.

38. Augusto Alfani, «Il principe...», cit., p. 8.

pie dell'*Encyclopédie* nella prima edizione, i periodici otto-centeschi italiani e stranieri, gli eruditi del Sei e del Settecento, da Bellori a Winckelmann, da Muratori a Tiraboschi, da Lanzi a Milizia, a Targioni Tozzetti. La letteratura artistica al completo occupava numerose scatole e scansie, da Alberti in cinquecentina a Vasari, a Baldinucci, fino a Venturi e, soprattutto, ciò che spesso manca anche nelle biblioteche pubbliche fiorentine, la grande storiografia tedesca tra Otto e Novecento. Numerosissime le monografie e i testi rari di architettura (per esempio le cinquecentine di Vitruvio):

> Finalmente ricorderò come fra le arti belle, pur tutte amate da Tommaso Corsini, fu sua preferita l'architettura, e alle opere allegava spesso le piante disegnate di sua mano anche a memoria, di edifizii e di monumenti, che i respettivi autori descrivevano talvolta senza una grafica illustrazione.[39]

Un nucleo unitario, specchio fedele della cultura del tempo, degli interessi di Tommaso, e insomma dall'inestimabile valore storico: fu bestiale la sordità di Firenze, che quasi senza accorgersene perse l'occasione di acquistare la biblioteca e di mostrarsi, con ciò, grata a uno dei suoi figli più devoti. Non meno incomprensibile, poi, fu il silenzio degli organi di tutela. Ma si favoleggiava che Domenico Fisichella, allora ministro dei Beni culturali del primo governo Berlusconi, fosse stato a cena dai Corsini, poco tempo prima dell'asta.

Se a ogni vendita di collezioni di opere d'arte, o di biblioteche, si levavano inascoltate le voci degli eruditi, degli artisti, degli intellettuali, almeno il rapporto tra i proprietari,

39. Ivi, p. 10.

la casa d'aste – o, prima, l'intermediario – e il pubblico produceva il positivo effetto di far conoscere in dettaglio il contenuto di raccolte altrimenti assai recondite. Se oggi è possibile studiare alcune grandi biblioteche e collezioni del passato, lo si deve agli inventari e cataloghi invariabilmente compilati in occasione delle alienazioni: un'operazione certo funzionale alla pubblicizzazione degli oggetti in vendita, ma che dava anche luogo a un equivalente cartaceo del patrimonio, la cui dispersione era così resa meno drammatica dalla conservazione della memoria storica. Quello che invece colpisce nella vicenda corsiniana del 1994 è la «riservatezza», suggerita da immaginabili ragioni: nella celebrazione massmediatica dell'asta, officiata da giornalisti miopi e compiacenti, ci si è ben guardati dall'annunciare la messa in vendita della biblioteca, la dispersione di un patrimonio unico. E si è arrivati perfino alla barbarie inutile di disperdere l'accuratissimo catalogo «costituito da circa novantamila schede di spogli, lavoro diligente del bibliotecario cav. Ferdinando Massai», gettandone alla rinfusa le schede nelle casse, e precludendo di fatto ogni possibilità di futura conoscenza o studio della biblioteca e dello stesso Tommaso Corsini. Ragioni egualmente oscure avranno spinto a non togliere dai volumi gli appunti del principe, gli indici da lui compilati, le piante di edifici da lui disegnate, addirittura le lettere: testimonianze di quella assidua frequentazione dei libri che valse a far crescere tanto il suo prestigio personale e ad aggiungere per un'ultima volta al blasone della famiglia anche il merito dell'erudizione e dello studio.

Se ho indugiato nel descrivere la personalità culturale e morale di don Tommaso, è perché dal confronto con i suoi discendenti – e con la Firenze di Eugenio Giani, Giuseppe Betori o Matteo Renzi – si capisce bene cosa intendo per sciacallaggio del passato.

E, d'altra parte, questa storia è assai istruttiva perché ci ricorda che la Napoli del saccheggio dei Girolamini e la Firenze della distruzione della biblioteca Corsini non si trovano su due pianeti diversi, come troppo spesso si ama credere. Ed è amaramente ironico che Marino Massimo De Caro, tra le sue varie mistificazioni, si spacciasse anche per il vero principe di Lampedusa (finendo tragicomicamente smentito da Gioacchino Lanza Tomasi di Lampedusa): voleva essere un vero principe, il distruttore di biblioteche. Un vero principe proprio come i Corsini.

Uscito da una messa in cui aveva sentito predicare gli atti di misericordia corporale, il piccolo Luigi Pirandello tornò a casa seminudo perché aveva rivestito del suo abito un bambino che aveva visto coperto di stracci. Ma, una volta a casa, venne aspramente rimproverato: e comprese, una volta per tutte, che nessuno prendeva sul serio il cristianesimo, nel quale pure si veniva educati.[40] Quell'estate di quasi vent'anni fa, invece, io compresi che i discorsi che, a Firenze, avevo ascoltato fin da bambino sulla nostra gloriosa tradizione e sul nostro amore per un passato vivo e attivo erano solo un'ampollosa retorica che copriva lo spolpamento di un cadavere in decomposizione.

E ognuna delle infinite volte che riascolto quegli eternamente identici discorsi, guardo le poche schede del catalogo manoscritto della biblioteca Corsini che raccolsi da terra in quelle sale monumentali, e che conservo gelosamente. E penso a quello che scriveva Carlo Cattaneo nel 1858: «Ma ciò

40. Leonardo Sciascia, *Alfabeto pirandelliano*, Adelphi, Milano 1989, p. 86.

che contraddistingue le città toscane, e soprattutto Fiorenza, è l'aver diffuso sino all'ultima plebe il senso del diritto e della dignità civile».[41]

E non so se ridere o piangere.

Incapaci di futuro

Firenze è incapace di futuro. In senso letterale: sembra che non abbia posto, per il futuro. Nei suoi «volti vili», scriveva il fiorentino Franco Fortini, si legge «la morte seconda»: la morte dell'anima, l'eterno annullamento che impedisce al passato di generare il futuro. «E tutto, anche ricordare, è invano». Peggio: «Tutto è inutile sempre».

Perché? La retorica da bar vuole che Firenze, come Narciso, ami troppo la propria grande storia. Ma la storia non è nemica del nuovo. La storia, come ha scritto Marc Bloch, non è la scienza del passato, ma la conoscenza degli uomini nel tempo. Bloch racconta che accompagnò il grande storico Henri Pirenne nel suo primo viaggio a Stoccolma. Appena arrivati in città, Pirenne disse:

«Cosa andiamo a visitare come prima cosa? Sembra che vi sia un Municipio nuovissimo: cominciamo da lì?» Poi, come se volesse prevenire un mio moto di meraviglia, aggiunse: «Se fossi un antiquario, non avrei occhi che per le cose vecchie. Ma io sono uno storico. È per questo che amo la vita».[42]

41. Carlo Cattaneo, *La città considerata come principio ideale delle istorie italiane*, in *Opere scelte*, a cura di Delia Frigessi Castelnuovo, IV, Einaudi, Torino 1972.

42. Marc Bloch, *Apologia della storia, o mestiere di storico* (1949), Einaudi, Torino 1998, p. 36.

Firenze, lo abbiamo visto, è invece un'antiquaria: ma, anche qua, in senso corrente. Nel senso, cioè, che del passato fa commercio.

> Quegli tra gli stranieri che più onorano l'Italia della loro stima, che sono quei che la riguardano come terra classica, non considerano l'Italia presente, cioè noi italiani moderni e viventi, se non come tanti custodi di un museo, di un gabinetto e simili; e ci hanno quella stima che si suole avere a questo genere di persone; quella che noi abbiamo in Roma agli *usufruttuarii*, per così dire, delle diverse antichità, luoghi, ruine, musei ecc.[43]

Proprio come gli italiani descritti da Leopardi duecento anni fa, i fiorentini di oggi appaiono senza presente, e a maggior ragione, senza futuro.

L'unico vero motore della città, il turismo, è una servitù senza amore e senza onore. E non penso all'ovvia *via crucis* di gelaterie plastificate, discariche di panini osceni, rivenduglioli di souvenir che fanno impallidire la chincaglieria veneziana, e «musei» di macchine leonardiane costruite in Romania (un fenomeno degenerativo che va sulla scia dei musei della tortura, e che meriterebbe una ricerca a sé). No. Penso al fatto che la psicologia media dei fiorentini è esattamente quella dell'usufruttuario di un bene del quale non ha alcun merito, e che, in fondo, non ama: non lo capisce, non lo gode, ma lo sfrutta, e non è interessato a niente di diverso, a niente di nuovo. Finché il Rinascimento va, lascialo andare.

L'unica cosa che interessa è vendere il «brand», il marchio Firenze. Ogni decisione, dalla più piccola alla più grande, è sottoposta alla logica dell'affittacamere che desidera solo che la sua insegna sia bene in vista.

43. Giacomo Leopardi, *Pensieri*, 31 marzo 1827.

Dal gennaio 2013, la nuova facciata della Galleria dell'Accademia, in via Ricasoli, dice di Firenze più di un intero trattato di sociologia del degrado urbano. La occupano (pare definitivamente, anche se non ci si vorrebbe credere) quattro gigantografie del Gigante per eccellenza: ovviamente lui, il *David*. L'idea è infelicissima, perché veicola due messaggi antitetici alla missione educativa di un museo: il primo è che il museo sia un luogo commerciale, il secondo che l'Accademia si riduca al suo feticcione di marmo. I musei non espongono stabilmente in facciata delle grandi foto delle proprie opere: ce lo vedete il Louvre a innalzare un'enorme *Gioconda* sulla Piramide? Lo fanno invece i negozi, che espongono la merce per strada, per attrarre i compratori. E questo è il primo errore: accreditare l'idea che i musei siano luoghi commerciali, e non ci sarebbe da stupirsi se si trattasse di una trovata di Opera Laboratori Fiorentini, la costola di Civita che gestisce i musei di Firenze. E poi un museo come l'Accademia dovrebbe quasi nascondere il fatto di possedere il *David*: tanto tutti lo troverebbero comunque. Dovrebbe dire invece: «Non siamo solo la casa di quel fantastico bellimbusto, c'è molto altro da vedere». Un museo è un luogo che dovrebbe essere sottratto al potere del mercato, e che dovrebbe educare alla complessità, alla varietà, alla meravigliosa densità della storia. Vederlo ridotto a una bottega con il piatto forte fotografato in facciata, come la bistecca nei ristoranti aperti ventiquattr'ore su ventiquattro, spiega cosa intendeva Tabucchi parlando della volgarità di Firenze.

Ma le vetrine hanno da essere in ordine. L'Opera del Duomo dispone che i suoi solerti vigilantes caccino le persone sedute sulla scalinata della cattedrale (i fiorentini ci si sono sempre fermati a chiacchierare, d'estate: *I marmi* che danno il titolo ai dialoghi di Anton Francesco Doni, del 1552, sono proprio quelli). Il non meno solerte vicesindaco Dario Nardella ha avuto la grottesca idea di uniformare *manu militari* le verande dei caffè (ormai ridicolmente note come *dehors*), riempiendo le strade e le piazze antiche di scatole di metallo e vetro tutte simili, tutte orrende, alcune marchiate col rosso giglio della città. Il Comune ospita la baracconata grottesca del Ballo del Giglio (versione fiorentina del Ballo della Rosa inventato da Grace Kelly) nel Salone dei Cinquecento, e quando si tratta di restituire la visita all'Hotel de Paris di Montecarlo, le regole del marketing impongono di portarsi dietro un buon testimonial: la *Velata* di Raffaello, che avrebbe dovuto esser parcheggiata nella hall come una escort qualsiasi. D'altra parte, pur di avere il «marchio Firenze» bene in vista si è disposti a fare sciocchezze assai più gravi: come rinunciare a fare dell'aeroporto di Pisa un hub regionale (potenzialmente a venticinque minuti dal cuore di Firenze), preferendo un pericoloso scalo giocattolo abbarbicato all'autostrada.

Tutto è per i turisti. Trattati con viscido servilismo: ma in fondo odiati, mal sopportati, spennati. E, alla fine, questo continuo gioco al ribasso ha plasmato la mentalità degli stessi fiorentini: che hanno cominciato a credere, anche loro, che Firenze si riduca al *David* di Michelangelo.

L'idea stessa di tessuto urbano ha ceduto di fronte all'idea di Firenze come contenitore di singoli «capolavori assoluti», cioè slegati da ogni rete di significati. Il diffuso entusiasmo per la nuova illuminazione del Duomo è, per esempio, un sintomo preoccupante di questa attitudine. Non solo i riflettori (i «padelloni») sono una pesantissima inserzione nel paesaggio urbano diurno, ma soprattutto la quantità e la qualità della luce tagliano fuori il monumento dal contesto urbano: lo sovraespongono «mediaticamente», distruggendo proprio la misura, il colloquio, il rapporto che unisce e cuce le emergenze architettoniche al tessuto continuo. Questa spettacolarizzazione luminosa ricorda molto la moda della mostra dei singoli capolavori: un identico esercizio di incomprensione.

«Firenze non è che un museo, strapieno di stranieri».[44] Lo annotava Stendhal, nell'inverno del 1817. In altre grandi città d'Europa non è così: alla Gemäldegalerie incontri i berlinesi, e alla National Gallery non è raro notare londinesi in pausa pranzo, entrati per vedere una o due opere. Da noi questo è impensabile: un po' perché l'accesso non è gratuito, ma un po' anche perché gli italiani (e i fiorentini non fanno eccezione) sono stati educati a vedere i musei una volta nella vita (quando va bene), e dalla prima all'ultima sala (proprio come si beve una medicina). E mentre le mostre dovrebbero servire a ricostruire i contesti storici e stilistici recisi dalla genesi accidentale delle raccolte museali (una missione sempre più negata dalle ostensioni di singoli «capolavori»), sarebbe sano entrare in un museo per vedere un'opera precisa, o un gruppo di opere connesse tra loro, o una sala: proprio come si va in biblioteca per leggere un libro, o alcuni libri, e non un intero scaffale. E invece no: i fiorentini che hanno sempre in bocca gli Uffizi, negli Uffizi mettono piede una o due volte nella vita.

E ancor meno negli altri musei: per non parlare di chiese e palazzi storici.

Il che spiega perché, appena fuori dal circuito blockbuster, ci siano monumenti in condizioni paragonabili a quelle del

---

44. Stendhal, *Rome, Naples et Florence* (1826), a cura di Pierre Brunel, Gallimard, Parigi 1987, p. 284.

patrimonio napoletano. Chi si cura, per esempio, della cadente Farmacia del Convento di San Marco, a pochi passi dal *David*? E appena fuori dalla cerchia dei viali le cose vanno anche peggio, anche quando si tratta di luoghi simbolo del Rinascimento, come la Villa di Careggi dove nacque e morì Lorenzo il Magnifico, inghiottita dal grande ospedale cittadino, sede di uffici e ridotta in stato pietoso. Per non parlare della fattoria del Magnifico a Tavola, vicino a Prato, salvata in extremis dalla speculazione edilizia solo per essere lasciata marcire, scoperchiata.[45]

Ma Firenze è ossessivamente riversa sul proprio ombelico, interessata solo a baloccarsi col suo usuratissimo salotto, e incapace di guardare oltre il diaframma delle mura. A nessuno – né a Confindustria, né alla Curia, né al Comune – è venuto in mente di portare, per esempio, quei famosi tre crocifissi griffatissimi in una delle tante periferie cittadine. Una barriera invisibile separa la Firenze del passato (il centro) dalle possibili incubatrici di futuro, l'altra città, culturalmente (e non solo) abbandonata a se stessa. Appena qualcosa esce dalla cerchia dei viali sembra uscire dai radar della città: l'università, a Firenze, non ha mai contato molto, ma da quando una parte consistente delle facoltà si è trasferita nei quartieri periferici di Novoli e Sesto, è diventata ancora più irrilevante.

Eppure basterebbe poco. Basterebbe un'idea. Il Louvre ha appena aperto una sede a Lens, nel nord della Francia, sul sito di una vecchia miniera di carbone: una «folle scommessa», l'ha definita François Hollande nel dicembre 2012. Ma una scommessa carica di futuro, con una visione che lega il patri-

45. Gian Antonio Stella, «La fattoria di Lorenzo il Magnifico, scoperchiata e abbandonata», *Corriere della Sera*, 19 novembre 2012.

monio artistico non al marketing passivo della rendita turistica, ma al riscatto sociale e civile di un territorio depresso economicamente e culturalmente.

Il policentrismo italiano renderebbe ovviamente assurdo portare gli Uffizi a Scampia. Ma non sarebbe assurdo portare gli Uffizi in una delle periferie di Firenze. La malintesa voglia di modernizzare Firenze ha spinto a dare una pennellata di contemporaneità agli Uffizi indicendo un concorso internazionale per un'uscita monumentale che ha visto vittorioso Arata Isozaki con un progetto che è eufemistico definire deludente.

Ma invece di impiegare decenni per mettere alla fabbrica vasariana un disdicevole cappello, si sarebbe potuto (e si potrebbe) commissionare a un grande architetto contemporaneo un nuovo e grande museo in cui esporre permanentemente una parte delle opere degli Uffizi: quelle dei depositi, ma anche alcune di quelle esposte (per esempio quelle entrate nel corso dell'Ottocento). In un'epoca in cui il noleggio a ore in tutto il mondo sembra l'unico destino delle opere d'arte dei musei fiorentini sarebbe rivoluzionario sdoppiare il museo nella stessa città, affidando a questi secondi Uffizi una missione letteralmente civica, cioè di costruzione della città e dei cittadini. Un museo del genere potrebbe essere tutto quello che gli Uffizi non potranno mai essere a causa della loro storia, e della superba architettura vasariana che li contiene. Potrebbe avere un grande auditorium e veri ristoranti, potrebbe avere una parte interamente dedicata ai bambini, e accogliere concerti. Potrebbe avere, più banalmente, un grande parcheggio, e prevedere l'ingresso gratuito dei fiorentini. Potrebbe essere un museo per i cittadini, per la loro vita quotidiana e per il loro futuro: non una «macchina da soldi» per turisti.

Si tratta solo di una delle mille possibili idee per rimettere in connessione il patrimonio e la città, e soprattutto per collegare il patrimonio artistico non al passato, e al suo sciacallaggio, ma alla costruzione del futuro.

Ma a Firenze il futuro è oggetto di una rimozione collettiva: come si è compreso, clamorosamente, durante il dibattito sulla moschea.

Nel settembre 2010 l'imam fiorentino Izzedin Elzir presentò un progetto per una moschea (che a Firenze non esiste: si prega nei garage). Guardandolo, è impossibile non pensare a una pagina dei *Minima moralia* di Adorno:

> accade spesso di notare in studenti neri di economia politica, siamesi che frequentano l'università di Oxford [...] la tendenza e la disposizione ad associare all'appropriazione di ciò che si apprende via via, e cioè del nuovo, un rispetto eccessivo per tutto ciò che è consacrato, valido, e riconosciuto. [...] Bisogna avere la tradizione dentro di sé per poterla odiare veramente, e fino in fondo.[46]

Il progetto, infatti, è una versione postmoderna e super-kitsch della facciata albertiana di Santa Maria Novella, fiancheggiata da due minareti che sembrano riduzioni romaniche del campanile di Giotto. Insomma, pare di essere nell'imbarazzante outlet di Barberino del Mugello, che è una specie di Las Vegas dell'architettura storica fiorentina, o meglio una sublimazione della percezione attuale del centro storico di Firenze. E se il movente è abbracciare e far proprio ciò che è «consacrato, valido, e riconosciuto», a Firenze non si può che pensare a una moschea neorinascimentale. Ma la comu-

---

46. Theodor Adorno, *Minima moralia. Meditazioni della vita offesa* (1951), Einaudi, Torino 1994, pp. 51-52.

nità islamica non aveva messo nel conto le dimensioni monumentali del progetto: e la levata di scudi fu unanime.

L'arcivescovo Betori (il quale, semplicemente, avrebbe dovuto tacere, visto che l'imam non si occupa della costruzione di nuove chiese) sillabò che sarebbe stato meglio non pensare a una grande moschea, ma a tanti piccoli luoghi di preghiera, possibilmente senza minareto: insomma, l'importante è che l'Islàm a Firenze non sia visibile. Assai più mediatico, ovviamente, il sindaco Renzi, che dopo la petizione di principio *politically correct* («È giusto che a Firenze la moschea possa essere fatta: un luogo in cui si prega non può far paura»), mise subito le mani avanti: «Al momento non c'è un progetto, non c'è un'ipotesi di lavoro». E soprattutto: «Non vedo spazi nel centro storico di Firenze per farla, in questo momento».[47]

Ecco il punto: in centro, no. A Firenze conta solo quello: e quello è intoccabile. O meglio: ci si possono fare speculazioni edilizie, si possono espellere le librerie o costruire facciate michelangiolesche. Tutto quello che è funzionale alla servitù del turismo e alla rendita del passato. Dunque non la moschea, pericolosamente carica di futuro: ed ecco il morto che prende il vivo, e lo trascina con sé.

Ma davvero nella Firenze storica non c'è posto per una moschea? Davvero è questione di urbanistica o di architettura? Ammettiamo che sia davvero così. Perché non pensare allora di offrire alla comunità musulmana una (o più di una) delle tante chiese cattoliche che la contrazione della pratica religiosa lascia inutilizzate? Molte di queste chiese finiscono sul mercato, e proprio la Toscana offre il maggior numero di queste singolari offerte. Invece che abbandonarli all'incuria, trasformarli in sale da concerto e aule universitarie o desti-

47. *Corriere Fiorentino*, 9 marzo 2011.

narli alla speculazione immobiliare, non sarebbe più giusto far sì che in questi luoghi sacri si continui a pregare l'unico Dio? E naturalmente non mi riferisco alle grandi chiese storiche e monumentali – anche se mi chiedo se la loro inesorabile trasformazione in musei a pagamento debba rallegrarci di più. È ovvio che una simile iniziativa dovrebbe riguardare non una chiesa normalmente officiata o una chiesa architettonicamente pregiata o densa di opere d'arte (per non stravolgere un contesto religioso o culturale), ma piuttosto una chiesa in disuso, o recente o ormai spoglia.

Una chiesa di Firenze, magari *nel centro* di Firenze, trasformata in moschea! Una chiesa che diventa moschea, per amore e non per forza, in una città chiave dell'identità culturale europea: basterebbe questo per mandare un segnale forte a tutto il mondo occidentale, candidandosi a diventare il laboratorio di una storia diversa. Nei secoli passati le conquiste e le riconquiste hanno trasformato molte chiese in moschee, e molte moschee in chiese. Lo stesso Partenone di Atene è stato consacrato, come chiesa, alla Vergine cristiana, per poi essere trasformato in moschea e infine nel museo di se stesso. In Italia, il Duomo di Siracusa è passato da tempio greco di Atena a chiesa della Madonna, a moschea e quindi ancora a chiesa. Così è successo alla cattedrale di Cordova, prima chiesa, poi Grande Moschea poi di nuovo e definitivamente chiesa: e nel 2007 i musulmani spagnoli hanno chiesto al papa di poterci tornare a pregare. Ma la vicenda più eloquente riguarda la Grande Moschea degli Ommayadi, a Damasco: tempio costruito dagli amorrei intorno al 2500 circa avanti Cristo, rinnovato dai romani, trasformato in santuario di San Giovanni Battista da Teodosio alla fine del IV secolo, e poi in moschea dopo la conquista araba del 661: quando, per un certo periodo, musulmani e cristiani poterono pregare, fianco a fianco, intorno alla cappella che conserva la testa del Battista.

Ebbene, oggi questa stessa metamorfosi potrebbe essere il frutto dell'accoglienza e della condivisione: potrebbe misurare non i rapporti di forza, ma quelli di fraternità. A Firenze cristiani e musulmani condividono ogni giorno i condomini, il lavoro, la scuola, gli ospedali, e i piccoli musulmani parlano fiorentino. Come posso spiegare a mia figlia Maria che noi possiamo andare a messa ogni domenica in una chiesa diversa, ma che non siamo disposti a regalarne nemmeno una alla comunità del suo compagno di classe Whalidh? E trasformare in moschea una delle non poche chiese in disuso comprese nella cerchia dei viali vorrebbe anche dire che siamo capaci di convertire il nostro passato nel nostro futuro, e che le vecchie pietre di Firenze non sono buone solo per il marketing del turismo, ma servono ancora a costruire una comunità civile. Quando lo proposi a Matteo Renzi, la sua lapidaria risposta, via e-mail, fu letteralmente questa: «È una bella sfida, Tomaso. Davvero una bella sfida...»[48] E, come di tutte le belle sfide fiorentine, temo proprio che non se ne farà di nulla.

La questione della moschea è esemplare e simbolica proprio per il suo esito: perché rivela l'incapacità di futuro di Firenze. Come vogliamo quel futuro? Come sarà la Firenze del 2030 o del 2050? Io immagino che ci sarà anche una Grande Moschea (oltre a molte più piccole), simbolo di una comunità islamica profondamente integrata nel tessuto civile. Potrebbe essere in pieno centro: magari al posto delle orrende Poste Centrali di via Pietrapiana (un'idea, eccellente, del cuoco e scrittore fiorentino Fabio Picchi). La immagino bella architettonicamente, e aperta a tutti i fiorentini, con tanto di ri-

48. 28 marzo 2011.

storanti, sale da tè e hammam: un po' come la Grande Moschea di Parigi, piantata nel cuore del Quartiere Latino (dal 1926!). Ma potrebbe essere anche in periferia: magari non lontana dai Secondi Uffizi, quelli che potrebbero aiutarci a scampare alla «morte seconda» di cui parlava Fortini.

Una morte quotidiana. Il 4 gennaio 2012, alle cinque di pomeriggio, a Firenze si rischia una strage. Dalla Colonna dell'Abbondanza, nell'affollatissima piazza della Repubblica, si stacca un frammento lapideo di ottanta chili, che precipita al suolo. Miracolosamente senza ammazzare nessuno dei turisti che si riposano sul sedile circolare che ingloba la base della colonna. Quel monumento – creato da Donatello, rifatto ai primi del Settecento da Giovan Battista Foggini e ora ridotto a copia degli anni Cinquanta del secolo scorso – ha un'importanza simbolica tutta particolare, perché sorge all'incrocio tra il cardo e il decumano della Firenze romana, e segna dunque l'ombelico di questa ombelicalissima città. Come è dunque potuto accadere che nel cuore del salotto buono si trascurasse la manutenzione fino a questo punto?

La morbosa politica «culturale» dei Grandi Eventi rende praticamente inimmaginabile che un ministro o un sindaco trovino conveniente annunciare (per non dire praticare) una campagna di manutenzione ordinaria a tappeto: troppo poco, troppo grigio, troppo umilmente anonimo. Ma il problema è ancora più profondo, e riguarda la mentalità indotta dal consumismo di massa nella sua fase estrema e (chissà) finale: è l'idea stessa della conservazione, della cura quotidiana degli oggetti a essere uscita dal nostro orizzonte mentale. Non è difficile oggi capire l'ardimento visionario con cui Filippo Brunelleschi pensò la cupola: difficile è capire l'Opera del Duomo, che incessantemente cura cupola e cattedrale ogni giorno di ogni mese di ogni anno di ogni secolo. Eppure, senza l'Opera la cupola non sarebbe né sorta, né tantomeno arrivata fino a noi.

Da un punto di vista culturale, la questione cruciale è la nostra stessa incapacità di vedere il contesto, il tessuto continuo delle nostre città e del nostro paese. Avendo interiorizzato il modello americano (cioè quello di un paese in cui davvero le opere d'arte stanno solo nei musei) pensiamo per antologie, per picchi di qualità, per capolavori letteralmente «assoluti», e cioè sciolti da ogni legame: mostre-ostensioni di singoli feticci, ricerche ossessive di improbabili capolavori perduti in complessi monumentali che lasciamo invece tranquillamente deperire. Ma anche visite iperselettive, teleguidate: quanti entrano in Santa Maria Novella per vedere Giotto e Masaccio, e vi ignorano qualsiasi altra cosa? Quasi che il tessuto monumentale delle nostre città sia un contenitore neutro che diventa visibile solo quando si sfalda: un corpo considerato solo per gli organi pregiati che contiene, e che è possibile espiantare, prestare, far viaggiare, mettere a reddito. In più, quel corpo esteso ha il gran torto di appartenere a tutti e di non poter produrre reddito per nessuno: quindi, letteralmente, sparisce.

Da tutto questo discende l'automatismo per cui la manutenzione, quando va bene, si identifica con il restauro: meglio se spettacolare, e meglio ancora se di un capolavoro «assoluto». E, invece, il miglior restauro è quello che non si fa: che non si deve fare, grazie a una conservazione programmata e preventiva.

Ma c'è qualcosa di ancora più profondo. Il crollo della Colonna dell'Abbondanza è simbolicamente avvenuto nella piazza per cui si è prospettato un intervento violentemente «modernizzatore», un'orrenda terrazza-astronave che sembrava progettata apposta per essere rifiutata, quasi per impedire alla radice ogni possibilità di futuro della città. Tra questi due fatti esiste un nesso, e quel nesso è la perdita del senso della funzione civile della città di pietre. Cioè la negazione del suo stesso essere «città».

L'incuria per i luoghi pubblici della città che non siano feticci turistici è un indizio importante per comprendere che ad andare in frantumi non è solo il corpo monumentale, ma anche il corpo sociale della città degli uomini. Quello che Christopher Lasch vedeva nelle città americane è ora in pieno corso in una città come Firenze: il corpo sociale si frammenta in consorterie e cerchie chiuse, ben attente a non avere nulla a che fare con le altre comunità presenti in città.

L'ultimissima moda della classe dirigente fiorentina è correre a iscrivere i figli a una scuola francese che li isoli e li preservi dalla città. La secessione delle élite avanza velocemente, e il vecchio progetto comunitario ed egualitario della città di pietre costruita dai nostri padri sembra condannato all'oblio. È per questo che non siamo più capaci di vedere alcun nesso tra patrimonio e cittadinanza, tra il passato e il futuro, tra le pietre e il popolo: «Tutte le pietre della città nemica / Le pietre e il popolo della città nemica».

Io vidi in Firenze uno che strascinando, a moda di bestia da tiro, come colà è stile, un carro colmo di robe, andava con grandissima alterigia gridando e comandando alle persone di dar luogo; e mi parve figura di molti che vanno pieni d'orgoglio, insultando agli altri, per ragioni non dissimili da quella che causava l'alterigia in colui, cioè tirare un carro.

Giacomo Leopardi, *Pensieri*, XVIII

Il patrimonio artistico come arma di distrazione di massa

Per qualche tempo, dopo la sua elezione a sindaco di Firenze, è sembrato che Matteo Renzi potesse avere la forza di cambiare il destino della città. Alcuni ingenui hanno pensato che «rottamare» lo stato presente delle cose potesse voler dire anche rompere con lo sciacallaggio del passato, e ricominciare a costruire un futuro diverso.

Io ero tra quegli ingenui: ed è per questo che, nonostante molti segnali negativi, ho accettato l'invito del sindaco a parlare alla stazione Leopolda, nel novembre 2011.

Quella convention, quintessenzialmente post-politica (tra spezzoni di cartoni animati e di film anni Ottanta), era pensata come una sorta di gigantesco brain-storming per il nuovo leader: ciascun oratore aveva cinque minuti per spiegare cosa avrebbe fatto se fosse stato presidente del Consiglio dei

Ministri. Di fronte a Giorgio Gori (l'ex direttore di Canale 5, allora guru di Renzi) che mi guardava perplesso in piedi in prima fila, io lessi le poche parole che seguono:

Se io fossi presidente del Consiglio, la prima cosa che farei sarebbe rivoluzionare il patto sociale degli italiani.

Oggi, infatti, accanto alla Costituzione (e contro di essa), c'è un accordo non scritto, ma ferreo, che permette a moltissimi italiani di non pagare le tasse. *Il Sole 24 Ore* ha stimato questi soldi in 120 miliardi di euro per il 2011. Quando si dice che non ci sono soldi per la salute, la scuola, la magistratura, le forze dell'ordine, non si prende atto di una ineluttabile catastrofe naturale: non è un terremoto, o un'alluvione. No: è una scelta fatta a tavolino, è un tacito patto sociale. Preferiamo lasciare la ricchezza a pochi, e negarla al bilancio pubblico, cioè a tutti.

Con quei 120 miliardi di euro si potrebbero fare molte cose. Da storico dell'arte, io ne prenderei subito, diciamo, cinque, per attuare l'articolo 9 della Costituzione: «La Repubblica tutela il paesaggio e il patrimonio storico-artistico della Nazione».

Unico paese al mondo, l'Italia ha messo l'arte tra i principi fondamentali della sua Costituzione. E perché l'ha fatto? Non perché sia bella, e non perché sia una leva dello sviluppo economico.

E invece sono state queste le risposte degli ultimi trent'anni. Al coro, elitario e un po' snob, di chi esaltava la bellezza dell'arte fine a se stessa, ha risposto un ceto politico unito (da Veltroni a Bondi, ma spero non a Matteo Renzi) nel dire che il patrimonio era il petrolio d'Italia, e che dunque serviva a far soldi. Sono stati due tradimenti simmetrici dell'articolo 9: perché entrambi volevano in qualche modo privatizzare il patrimonio di tutti. I miei colleghi snob volevano che quel patrimonio fosse mantenuto da tutti, ma goduto solo da pochi eletti. I politici hanno dato in mano quel patrimonio a poche imprese private, che ci hanno fatto soldi, ma soldi per loro e non per il patrimonio. Il risultato di tutto ciò è una doppia catastrofe: il patrimonio cade letteralmente a pezzi (a Pompei, ma non solo: in quasi ogni centro storico italiano), e si è diffusa l'idea che l'arte sia un lusso per ricchi. Lo scrive *Il Giornale* contro chi difende Sant'Ambrogio di Milano da un parcheggio interrato a cinque piani, ma lo dice anche la Cgil toscana a chi cerca di spiegare che si può costruire un capannone industriale senza distruggere un insediamento etrusco.

Ecco, con quei cinque miliardi io vorrei convincere gli italiani che l'arte non è un'industria, non è un luna park e non è il caviale: perché se così fosse la Costituzione non la difenderebbe. Recuperare, restaurare, rendere accessibile e comunicare (cioè render comune) il patrimonio vuol dire attuare la Costituzione: restituire cioè ai cittadini la sovranità piena su un bene comune che è una parte fondamentale della loro identità. E non penso solo ai musei, che contengono la parte minoritaria e più sana del patrimonio: penso alle chiese, ai palazzi, ai castelli, alle piazze, all'immenso tessuto artistico e storico fuso con l'ambiente che fa dell'Italia un paese unico al mondo. Restituire agli italiani questo patrimonio non vuol dire dar loro un lusso superfluo, vuol dire attuare l'eguaglianza costituzionale e dare loro qualcosa per cui valga la pena vivere, e che sottragga almeno una parte della vita al dominio del denaro e del mercato.

Le maestre della scuola dell'infanzia lo hanno spiegato benissimo a mio figlio Filippo. Ogni animale ha una tana – gli hanno detto – e anche gli uomini hanno una casa: anzi gli uomini sono i soli che ne hanno di due tipi. C'è la casa di ogni famiglia, o di ogni individuo. Ma poi c'è una casa di tutti. A Firenze, gli hanno spiegato, quella casa si chiama Palazzo Vecchio. È più grande e più bella di tutte le altre case e appartiene proprio a tutti: non importa se sono belli o brutti, poveri o ricchi, colti o ignoranti, maschi o femmine, deboli o forti. E non importa nemmeno se sono nati a Firenze.

Così, quando Filippo (che ha tre anni) passa per piazza della Signoria, mi dice: «Babbo, Palazzo Vecchio è così bello perché è di tutti». E così, grazie alla scuola (che è una scuola pubblica), Filippo e i suoi compagni (metà dei quali non sono italiani) non imparano solo la lingua italiana fatta di parole: ma imparano anche che in Italia c'è un'altra lingua. Una lingua fatta di palazzi, chiese, quadri e statue che appartengono a tutti. E imparano che quella lingua non serve a divertire i ricchi, ma serve a farci tutti eguali.

E ogni volta che Filippo avrà la tentazione di dimenticarselo, basterà guardare la Torre di Arnolfo, e ricordare: se Palazzo Vecchio è di tutti, è proprio vero che siamo tutti eguali. Perché è a questo che serve la storia dell'arte, è a questo che serve il patrimonio artistico, bene comune.

Un grande fiorentino, Piero Calamandrei, ha scritto che la Costituzione italiana contiene una rivoluzione promessa. Ecco, se fossi presidente del Consiglio attuerei davvero l'articolo 9: e quella rivoluzione inizierebbe a realizzarsi.

Fossi stato un poco più scettico, o un po' meno vanitoso, avrei capito che non dovevo accettare quell'invito. Il mio discorso produsse, sì, l'idea numero 63 (intitolata alla «Funzione civile del bello») di quella sorta di embrionale pre-programma di governo che uscì dalla Leopolda. Ma non produsse nient'altro. E, anzi, nelle settimane e nei mesi successivi venne contraddetto, sempre più macroscopicamente, dalle idee e dall'azione di Matteo Renzi.

Tutto era cominciato nell'agosto del 2010: Renzi sa bene che quando la città è svuotata e abbrutita dall'afa, proprio allora è il caso di sfoderare le trovate più pittoresche.

A Roma trionfava (si fa per dire) la politica dei beni culturali del ministero Berlusconi-Tremonti-Bondi, che girava sui due cardini di una monetizzazione sfrenata e di una devoluzione regionale del patrimonio artistico. Dal giovane sindaco democratico di Firenze sarebbe stato lecito attendersi una vera alternativa a questa linea: e, invece, cosa fa? Punta sul feticcio più feticcio che c'è – il solito *David* di Michelangelo. E cosa dice? Dice che il *David* è del Comune, che è stato proditoriamente rapito dallo Stato, e che questo Stato cattivo deve restituirne subito la proprietà ai fiorentini. O almeno gli introiti del biglietto di chi lo va a vedere. O almeno il venti per cento. E sarà proprio nel famigerato pranzo di Arcore del 6 dicembre 2010 che Renzi ottiene – da un Silvio Berlusconi interessato a tutt'altro – che proprio un quinto di quei soldi sia devoluto al Comune di Firenze.

Rivendicando la proprietà materiale del *David* e la sua rendita annuale, Renzi ha accettato di muoversi sul terreno di Bondi, il quale aveva affidato la Direzione generale per la valorizzazione dei beni culturali all'amministratore delegato di McDonald's Italia. In altre parole, il conflitto con Bondi fu cercato in nome di interessi, non di valori, diversi. Se Bondi e la sua valorizzazione puntavano sul *David* (era di pochi mesi prima l'infelice campagna pubblicitaria che mostrava il feticcione sollevato in volo da alcuni elicotteri, con la scritta: «Se non lo visiti, lo portiamo via»), ci si sarebbe aspettato che Renzi non si concentrasse sulla stessa icona, ma parlasse del tessuto diffuso, coeso e unitario che le dà senso. Se Bondi parlava di rendite, ci si sarebbe aspettato che Renzi parlasse di significati profondi, superando il concetto ambiguo e pericoloso di «bene culturale» e recuperando quello di «opera d'arte», che non serve a *fare* qualcosa (a produrre una rendita) ma a *essere* e a *diventare* qualcosa (più umani, più civili e, magari, anche più felici). Se Bondi consentiva lo smembramento del patrimonio (e dunque dell'identità) nazionale, ci si sarebbe aspettato che il Renzi aspirante leader nazionale rivendicasse proprio la statura italiana del *David*, non la sua «fiorentinità». Vale la pena di notare che i proventi del feticcio che Berlusconi e Bondi tolsero dal bilancio statale venivano indirizzati al bilancio di Capodimonte, a Napoli: il quale museo, grazie al leghismo gigliato di Renzi, si trovò da un giorno all'altro senza nemmeno la carta igienica.

Apparve chiaro che non c'era alcun progetto culturale che andasse oltre l'eterna gestione della rendita del passato e avesse la fantasia di immaginare un futuro in cui il patrimonio artistico fiorentino non fosse un inerte giacimento da sfruttare, ma una viva forza morale offerta all'Italia e al mondo: «Il *David* ai fiorentini» fu il primo, orribile messaggio alla pancia della città.

Nuova estate, nuova arma di distrazione di massa. Il protagonista è ancora Michelangelo, che solo poi farà posto a Leonardo.

Alla fine del luglio del 2011, il sindaco arringa i venditori ambulanti di San Lorenzo, e sfodera un'ideona: costruiamo la facciata della basilica laurenziana secondo il progetto di Michelangelo. L'effetto bomba mediatica è garantito: in poche ore il nome del giovane politico di Rignano sull'Arno fa il giro del pianeta. Peccato che l'idea di costruire, cinquecento anni dopo, la facciata michelangiolesca di San Lorenzo fosse una cazzata monumentale. La chiesa non ha alcun bisogno di avere una facciata, visto che la sua incompiutezza è ormai storicizzata ed è entrata nell'iconografia della città. I modelli, i disegni, i contratti e le lettere buonarrotiani non sono certo sufficienti a creare un organismo architettonico che abbia qualche chance di essere davvero «di Michelangelo», per non parlare dell'insormontabile problema delle statue e dei rilievi. Perciò è impossibile costruire ora la facciata «di» Michelangelo senza creare un falso tremendamente kitsch: sarebbe esattamente come scrivere un concerto di Bach basandosi su suoi appunti e su qualche pentagramma di suo pugno, o come avere una scaletta dettagliata e qualche verso di un canto mai steso della Commedia, e volerlo scrivere oggi.

Ma ammettiamo che dotare di una facciata San Lorenzo sia una buona idea: perché allora non indire un concorso internazionale al massimo livello possibile? Nemmeno le facciate del Duomo e di Santa Croce (citate a sproposito dal sindaco) furono realizzate utilizzando progetti di secoli prima: nonostante lo stile neogotico (qui particolarmente infelice), furono immaginate come opere originali di artisti viventi, non come atti di necrofilia artistica. E, comunque, quelle due facciate non appartengono certo alla fase più alta e ispirante della storia cittadina, ma sono anzi illustri documenti del ripiegamento di Firenze su se stessa.

E il punto era proprio questo. Anche la Firenze di Renzi si rivelava condannata a cibarsi, cannibalescamente, del proprio glorioso passato: sfruttandolo senza comprenderlo, usandolo senza amarlo. Il vero, imperdonabile peccato di quella disinvolta operazione di marketing politico-mediatico estivo non era aver parlato a sproposito di Michelangelo: era, invece, la preterintenzionale confessione di avere la solita, immutabile, mortifera visione di una Firenze provincialissima, schiava della propria immagine turistica e sempre più appiattita su Disneyland o Las Vegas. Altro che rottamazione: ci mancava solo che Renzi posasse la prima pietra della facciata lau-*renziana* indossando uno dei grembiuli da cucina con il torso e il sesso del *David* che si vendono a ogni angolo della kasbah turistica fiorentina.

Ma è assai interessante considerare per un attimo l'epilogo di questo aneddoto strapaesano estivo. Quando la Soprintendenza architettonica fece garbatamente notare che la legge escludeva ogni competenza comunale sulla venerabile basilica brunelleschiana, la reazione di Renzi fu stizzita. Rispolverando il grido di «Firenze ai fiorentini», il tutto si concluse con l'invocazione grottesca di un referendum in cui i cittadini dicessero sì o no a Michelangelo. Quello scontro è stato solo uno dei tanti che ha opposto il sindaco alle varie soprintendenze fiorentine, e soprattutto alla più potente, quella del Polo Museale guidato da Cristina Acidini. Appare naturale che un sindaco di Firenze determinato a innovare sia costretto a misurarsi con il potere consolidato e ramificato della Soprintendenza. Si è potuto, anzi, salutare con favore il fatto che nel dibattito pubblico della città sia affiorata finalmente una critica aperta alla gestione dell'Acidini (e implicitamente a quella di Antonio Paolucci, della quale si proseguono epigonicamente gli indirizzi, e sulla cui sostanza il lettore ha avuto modo di farsi un'idea nelle pagine dedicate alla vicenda della collezione Martelli).

Io stesso ho denunciato l'incredibile pasticcio che ha portato la Soprintendenza di Firenze, e l'Acidini in prima persona, a far acquistare allo Stato un crocifisso ligneo seriale di primo Cinquecento con la grottesca attribuzione al solito Michelangelo.[49]

Ma la strategia del sindaco mira non a gettare il bambino con l'acqua sporca, bensì, più cruentemente, ad affogarcelo dentro. L'obiettivo (poi dichiarato esplicitamente nel programma renziano per le primarie) è quello di sopprimere, o quasi, le soprintendenze devolvendone i poteri agli enti locali, comuni in testa. Insomma, una resa dei conti tra sciacalli di passato.

La linea anti-tutela statale di Renzi si alimenta dell'opposizione retorica tra Firenze e Roma, e dell'affermazione di una priorità del potere elettivo su quella che viene sprezzante-

49. Tomaso Montanari, *A cosa serve Michelangelo?*, cit.

mente definita «burocrazia»: il che rende evidente la purissima subalternità culturale nei confronti di alcune delle parole d'ordine messe in circolazione dalla destra più incivile. Gridare «gli Uffizi ai fiorentini» (e dunque «Brera ai milanesi» – come farà poi Ornaghi, nel suo, lontanissimo, stile pretesco – o «Capodimonte ai napoletani» o «i Bronzi di Riace ai calabresi») significa dimenticare che il patrimonio artistico ha avuto e può ancora avere nel futuro un ruolo primario nella creazione, o nella rigenerazione, dell'unità nazionale. Quando, nel 1519, indirizzò una celebre lettera al papa fiorentino Leone X per supplicarlo di prendersi cura delle antichità di Roma, Raffaello definì il patrimonio monumentale «quel poco che resta di questa antica madre della gloria e grandezza *italiana*».[50] Non romana, ma *italiana*. Ed è proprio per questo che è importante che la conservazione e la tutela delle opere sparse per la penisola restino saldamente affidate allo Stato centrale, e dunque al sistema delle soprintendenze.

La contrapposizione tra il potere elettivo e i funzionari della Soprintendenza ha, invece, un sapore inconfondibilmente berlusconiano. Come è noto, nella visione populista e plebiscitaria del padre-e-divoratore della destra italiana la maggioranza nell'urna scioglie l'eletto da ogni vincolo costituzionale e legale, elevandolo al di sopra di tutti gli altri poteri, quasi che anch'essi non scaturiscano, seppure più mediatamente, dalla sovranità popolare.

Ebbene, il sistema della tutela del patrimonio artistico italiano è stato progettato proprio per resistere alle pressioni del potere locale, per esserne un opportuno contrappeso. Non tutto deve essere nella disponibilità della maggioranza di tur-

50. In Francesco Paolo Di Teodoro, *Raffaello, Baldassar Castiglione e la lettera a Leone X*, Nuova Alfa, Bologna 1994, p. 66.

no: e i monumenti sono proprio la tipica cosa che deve rimanerne fuori. Essi sono stati edificati dai nostri padri e appartengono anche a coloro che non hanno l'età per votare, o che addirittura devono ancora nascere (e, nel caso di Firenze, perfino all'umanità tutta).

Non appare poi né giusto né saggio delegittimare il personale delle soprintendenze trattandolo alla stregua di una sorda burocrazia che tenga in ostaggio l'arte del popolo fiorentino. Nella stragrande maggioranza, al contrario, si tratta invece di persone che (in cambio di stipendi indegni di un paese civile) mettono una grande professionalità al servizio della conservazione e della dignità culturale delle opere e del territorio che sono loro affidati.

Tutte cose che, però, suonano arabo alle orecchie di Renzi. Il quale è tornato a invocare la sovranità popolare nella terza balla spaziale sul patrimonio artistico fiorentino. Per portarsi avanti rispetto all'estate, alla fine di febbraio del 2012 il sindaco sottopone al Consiglio comunale un provvedimento davvero vitale per la città: ripristinare l'antica pavimentazione in cotto di piazza della Signoria a Firenze! Ancora una volta, sul piano storico si tratta di una madornale sciocchezza: da molti decenni nessuno si sogna di far ruotare indietro le lancette della storia, debarocchizzando le chiese gotiche, o uniformando le piazze nello stile di uno dei loro palazzi. E annullare i due secoli che hanno storicizzato le pietre volute dai Lorena sarebbe esattamente la stessa cosa. Ma questa replica in tono minore della sparata sulla facciata michelangiolesca ha qualcosa di ancora più cinico: perché dopo la figuraccia laurenziana Renzi sapeva benissimo che piazza della Signoria non sarebbe mai tornata al cotto, ipotesi già bocciata, in passato, dal Ministero per i Beni culturali.

Ma facciate e lastre impallidiscono di fronte alla madre di

tutte le strumentalizzazioni della storia dell'arte, la pagina più nera nei rapporti tra arte e potere nell'Italia degli ultimi decenni: la tragicomica caccia al Leonardo fantasma di Palazzo Vecchio, la farsa della *Battaglia di Anghiari*.

Nero Leonardo

Quando si sente una notizia su Leonardo da Vinci, viene ormai da metter mano alla pistola.

Dopo la buffonata della caccia alle ossa della Gioconda (intesa come modella), e i banchetti delle firme per avere in prestito la stessa Gioconda (intesa come quadro), alla fine dell'agosto (ma guarda un po'!) del 2011 riaffiora un antico tormentone fiorentino: la ricerca della *Battaglia di Anghiari*.

Ora l'impresa è guidata dall'ingegnere fiorentino (ma trapiantato in California) Maurizio Seracini – che da trentacinque anni ne ha fatto la propria ragione di vita – e soprattutto dal sindaco Matteo Renzi, che dietro il muro del Salone dei Cinquecento intravede non un'opera d'arte, ma un gigantesco trampolino mediatico.

Per fare la cronaca, non dico la storia, dei vari tentativi novecenteschi di evocare il fantasma della *Battaglia* per antonomasia non ci vorrebbe lo storico della critica d'arte, ma – di volta in volta – uno psicologo di massa, uno psichiatra esperto di fissazioni maniacali, un esperto di comunicazione e marketing politico.

Nel 1503 Pier Soderini, gonfaloniere della Repubblica fiorentina, chiese a Leonardo di raffigurare – nella Sala del Consiglio Grande di Palazzo Vecchio, sulla parete che sovrastava i seggi del governo – una delle battaglie attraverso le quali i fiorentini avevano salvato la loro amata libertà: quella del 29 giugno del 1440, quando i milanesi furono sconfitti ad Anghiari.

Il Vinci, che doveva gareggiare con il giovane Michelangelo, volle sperimentare una tecnica pittorica che aveva reinventato a partire da fonti classiche e che avrebbe dovuto garantire al suo murale una vita più lunga. Invece fu un disastro: già durante l'esecuzione, il dipinto, come scrive Giorgio Vasari, «cominciò a colare, di maniera che in breve tempo [Leonardo l'] abbandonò».[51] Rimase visibile – per un po' – solo un meraviglioso viluppo di cavalieri che lottavano strenuamente per uno stendardo. Mezzo secolo dopo, il duca Cosimo I incaricò proprio Giorgio Vasari di trasformare quella grande sala: e il risultato fu il Salone dei Cinquecento.

L'idea di ritrovare quell'apice dell'arte di Leonardo può apparire romantica, ma se la si guarda con un po' di senso critico appare antistorica, velleitaria, pericolosa e demagogica.

È da escludere che Vasari, che venerava Leonardo, abbia nascosto un simile capolavoro. Egli aveva tutti i mezzi tecnici per tagliare il muro e salvare il dipinto: lo fece con maestri quattrocenteschi (come Domenico Veneziano a Santa Croce; Botticelli e Ghirlandaio nella chiesa fiorentina di Ognissanti) che certo amava assai meno del Vinci, da lui stesso esaltato come padre della maniera moderna. È vero che Vasari sovrappose una propria pala d'altare alla *Trinità* di Masaccio in Santa Maria Novella, ma si trattava di un dipinto mobile, non di un affresco. Solo una mentalità da *Codice da Vinci* e la nostra infantile illusione di essere al centro della storia possono indurci a credere che egli abbia seppellito un tesoro sotto un muro inamovibile: per quale futuro, e a quale scopo? E che uno come Antonio Paolucci abbia dichiarato a *Repubbli-*

51. Giorgio Vasari, *Vite...*, cit., IV, p. 33.

ca che Vasari potrebbe invece averlo fatto, e «per fare un favore al suo amico Michelangelo»,[52] dimostra che ormai guardiamo al Rinascimento attraverso la lente della Hollywood degli anni Sessanta. Molto più semplicemente, l'intervento vasariano dimostra che nel 1560 di quello sventurato, grandissimo Leonardo non doveva restare più nulla.

In secondo luogo (particolare tragicomico), nella bibliografia specialistica non c'è accordo sulla parete sulla quale si trovavano i seggi del governo e che dunque ospitò la *Battaglia*: allo stato attuale degli studi appare tuttavia più verosimile che si trattasse di quella occidentale,[53] e non di quella orientale su cui nell'autunno del 2011 comincia a lavorare l'équipe guidata dall'ingegner Seracini: il quale, d'altra parte, è stato coinvolto in precedenti campagne di ricerca condotte proprio su quella parete.

E anche se le indagini avessero segnalato qualche indizio dietro gli affreschi vasariani: che cosa sarebbe successo, a quel punto? Non era davvero difficile immaginare l'enorme pressione mediatica e gli appetiti di marketing che si sarebbero scatenati nel Comune e sulla Soprintendenza di Firenze: in una città in cui si raccolgono firme in strada per il prestito di

52. *La Repubblica*, 31 agosto 2011. A Orazio La Rocca che gli chiede se «oltre ai colori, si potranno ricostruire anche le figure», Paolucci ineffabilmente risponde: «Credo proprio di sì. E, quando ci si arriverà, sarà veramente un grande momento per la storia dell'arte».

53. *Cfr* soprattutto H.T. Newton, J.R. Spencer, «On the Location of Leonardo's Battle of Anghiari», in *The Art Bulletin*, 64, 1982, pp. 45-52; Nicolai Rubinstein, *The Palazzo Vecchio, 1298-1532. Government, Architecture, and Imagery in the Civic Palace of the Florentine Republic*, Oxford University Press, Oxford 1995, pp. 41, 110, 115, nota 314 e appendice VIII; Francesco Caglioti, *Donatello e i Medici. Storia del David e della Giuditta*, Olschki, Firenze 2000, p. 115.

Monna Lisa, cosa sarebbe accaduto di fronte alla prospetti-va (per quanto labilissima) di recuperare un Leonardo monu-mentale? Si sarebbe certo rischiato di distruggere uno degli ambienti più alti e conservati del Cinquecento europeo: l'opera di quel Vasari che proprio nel 2011 si celebrava con fiumi di mostre e retorica, ma che pochi mesi dopo saremmo stati prontissimi a buttare a mare in nome di Leonardo.

Varrà anche la pena di ricordare che le sale di Palazzo Vec-chio versano in uno stato vergognoso: gli affreschi del Quar-tiere degli Elementi sono in pessime condizioni, le pitture del Terrazzo di Saturno cadono letteralmente a pezzi, dai soffitti affrescati delle scale pendono i fili elettrici. Lo stesso Salone dei Cinquecento è arredato e illuminato come una sala par-rocchiale di provincia, e, quando viene sera, le statue (anche quelle di Michelangelo o Giambologna) sembrano inafferra-bili ombre cinesi.

Ma è certo meno facile andare in televisione governando il reale (per esempio attraverso la manutenzione ordinaria) che inducendo sogni collettivi in cui i Leonardo attraversano le pareti, e le facciate di Michelangelo prendono forma come per magia. E la televisione è il vero motore di questa storia.

Nel settembre 2011 Renzi e il suo assessore alla Cultura Giuliano Da Empoli erano volati negli Stati Uniti (ovviamente in business class a spese pubbliche) per vendere al National Geographic il «pacchetto Leonardo». Gli americani erano sta-ti ben lieti di aggiudicarsi, con la misera elargizione di 250.000 euro alle casse comunali, l'esclusiva mondiale di questa mac-china mediatica milionaria. In una città insanabilmente pro-vinciale come Firenze anche i direttori dei giornali locali cre-dono che National Geographic faccia ricerca scientifica, ma sarebbe bastato guardare il loro recente documentario su una materia storico-artistica toscana (l'imbarazzante *cold case* intitolato *Caravaggio. Il corpo ritrovato*) per capire che si tratta ormai solo di intrattenimento «culturale» di cassetta.

Grazie al viaggio americano dei due brillanti imbonitori fiorentini, la caccia al Leonardo perduto ha avuto il singolare primato di essere la prima ricerca «scientifica» guidata da un politico in tandem con un produttore televisivo: Terry Garcia, il vicepresidente di National Geographic che, nei momenti topici della vicenda, è apparso sul proscenio accanto a un Renzi attraversato solennemente, quanto grottescamente, dalla fascia tricolore.

Alla fine di novembre il sindaco dà l'ordine di bucare gli affreschi di Giorgio Vasari. Per farlo, tuttavia, ha bisogno dell'assenso della soprintendente di Firenze, Cristina Acidini. Per capire se la cosa è tecnicamente ed eticamente possibile, quest'ultima a chi si rivolge? Alla soprintendente pro-tempore dell'Opificio delle Pietre Dure di Firenze, che insieme all'Istituto Centrale del Restauro di Roma rappresenta il vertice della conservazione delle opere d'arte in Italia. E chi è quella soprintendente pro-tempore? Ma sempre Cristina Acidini, la quale – non sorprendentemente – autorizza la Cristina Acidini soprintendente di Firenze ad autorizzare il sindaco di Firenze a bucare Vasari.

Ma, a differenza del pasticciaccio brutto del finto Michelangelo acquistato da Bondi su indicazione della stessa Acidini – un vero trionfo del conformismo e del tradimento dei chierici – nell'ancor peggiore pasticcio del Leonardo fantasma si è trovato almeno uno storico dell'arte disposto a non gettare alle ortiche la propria etica professionale.

Una funzionaria del Ministero per i Beni culturali ha fatto come lo scrivano Bartleby di Melville: ha detto: «Preferirei di no». E ha così inceppato la gioiosa macchina da guerra che si apprestava a conficcare alcune sonde nel corpo vivo della pittura di Giorgio Vasari. La funzionaria non era una qualsiasi, ma la responsabile per i dipinti su muro dell'Opificio, Cecilia Frosinini. E la sua formale «lettera di rimostranza» indirizzata alla Acidini il 23 novembre 2011 è così morale e illuminante che mette conto riportarla per intero.

In merito alla richiesta avanzata dal Comune di Firenze perché l'Opificio delle Pietre Dure sovrintenda a saggi da effettuare nella parete est del Salone dei Cinquecento, affrescata da Giorgio Vasari, al fine di effettuare indagini endoscopiche alla ricerca delle ipotetiche sopravvivenze della Battaglia di Anghiari di Leonardo da Vinci, ai sensi del DPR 10 gennaio 1957, n. 3 art. 17, chiedo che siano acquisite agli atti dell'Istituto le seguenti considerazioni.

1. la scrivente, e più in generale l'Istituto in nessuna delle sue componenti tecniche, scientifiche o storico-artistiche ha mai ricevuto alcuna copia delle indagini scientifiche condotte alla ricerca del murale perduto;

2. tali ricerche sono state altresì condotte da terzi, istituzioni o singoli, senza alcun coinvolgimento dell'Istituto, né in fase progettuale, né in fase esecutiva, né in fase interpretativa.

3. comunicazioni sommarie sono state presentate esclusivamente in fase di proiezione di slides Power Point da parte dell'ingegner Seracini nel corso della riunione tenutasi presso il Comune di Firenze il 16 novembre 2011, indetta dal Sindaco. La presentazione non equivale ovviamente alla messa in comune dei dati, e preclude ogni loro valutazione seria. Nel corso della suddetta riunione, inoltre, non vi fu alcuna disponibilità da parte dell'ing. Seracini ad un sia pur minimo contraddittorio, o integrazione delle informazioni fornite.

4. il sopralluogo finalizzato alla valutazione dello stato di conservazione dell'affresco di Vasari (nonostante la disponibilità dimostrata dal personale tecnico dell'OPD che, nella persona di Alberto Felici, assistente tecnico-scientifico, si è

recato a Palazzo Vecchio per effettuarlo in un giorno festivo, domenica 20 novembre 2011) sottolinea la necessità di approfondimenti e valutazioni che non possono essere compiute nei giorni individuati da Comune e sponsor come utili all'iniziativa.

Ritengo pertanto che:

a. l'Istituto non sia stato messo in condizione di esprimere la propria valutazione tecnico-scientifica sulla validità della ricerca proposta, e quindi sia stato conculcato il suo ruolo scientifico;

b. l'Istituto non sia stato messo in condizione di esplicare il proprio ruolo tecnico nel valutare la percorribilità delle operazioni richieste;

c. all'Istituto non sia stato concesso di decidere in piena autonomia, suffragata da serie e informate considerazioni scientifiche, se partecipare o no ad una attività che prevede anche la possibilità di giungere alle ricerche endoscopiche attraverso accesso dal fronte, praticando strappi di superficie pittorica e fori nell'intonaco vasariano. All'istituto quindi è stato negato il suo ruolo di organo della conservazione, imponendogli di operare danneggiamenti alla superficie pittorica attraverso strappi non motivati da considerazioni conservative.

In considerazione di quanto su esposto esprimo il mio dissenso fermo nei confronti delle operazioni e delle attività che mi possano venire imposte secondo le scelte di Ente Locale e sponsor, e che ritengo lesive del mio ruolo professionale e scientifico e contrarie alle funzioni che lo Stato mi chiede di svolgere nell'ambito della ricerca e della conservazione.

È difficile pensare a una funzionaria di Soprintendenza come a una (minuscola, per carità) eroina borghese. Nell'immaginario collettivo – devastato da vent'anni di berlusconiano «padroni in casa propria» – i soprintendenti sono avvertiti come grigi passacarte che ci impediscono di fare quel che ci pare delle nostre città, o delle nostre case. In circostanze come questa, però, ci accorgiamo che se il nostro patrimonio resiste – malgrado tutto – lo dobbiamo a questa sorta di «chiesa bassa» dei funzionari di soprintendenza che, operando in modo fedele al dettato costituzionale, cerca di tener testa ai poteri locali e al tradimento dei propri superiori.

E, quando succede che persone come Cecilia Frosinini fanno il loro dovere fino in fondo, il potere locale non gradisce. In una conferenza stampa tenuta nel Salone dei Cinquecento il 30 novembre 2011, Renzi la attacca a testa bassa, senza nascondere, anzi sventolando come un vessillo, la vera natura della «ricerca»: «Per non capire questa importante azione di marketing per Firenze bisogna essere proprio... e ci siamo capiti».[54] Nella stessa occasione, Terry Garcia concede: «Se davvero c'è, si farà in modo di tenere insieme sia il Vasari che il Leonardo».[55] E dava i brividi vedere un produttore televisivo americano che, in Palazzo Vecchio, soppesava di fronte ai media di tutto il mondo il destino del Vasari che c'è, e del Leonardo che non c'è.

Era evidentemente troppo, e il 3 dicembre Italia Nostra presentò un duro esposto alla Procura della Repubblica di Firenze. L'associazione chiedeva alla magistratura di valutare se l'«operazione sensazionale che necessariamente passa attraverso la sia pur parziale lesione della integrità fisica degli affreschi vasariani» non si esponga «alla sanzione dell'art. 635 (primo e secondo comma sub 3) del codice penale, che appunto punisce il danneggiamento delle cose di interesse storico o artistico». L'esposto, firmato dall'allora presidente

54. http://www.nove.firenze.it/vediarticolo.asp?id=b1.11.30.17.01

55. http://www.ilsitodifirenze.it/content/901-anghiari-la-sonda-trova-2-centimetri-daria-oltre-laffresco-del-vasari

nazionale di Italia Nostra Alessandra Mottola Molfino, con-
teneva anche un'analisi assai penetrante dei veri meccanismi
della vicenda:

> È palese infatti che non si tratta di corrispondere alla dovero-
> sa esigenza di restauro come definito nell'articolo 29 del Co-
> dice dei beni culturali e del paesaggio, l'unico ammissibile
> «intervento diretto sul bene attraverso un complesso di ope-
> razioni finalizzate all'integrità materiale ed al recupero del be-
> ne medesimo». La finalità, al contrario, concepita e persegui-
> ta all'esterno della sede istituzionale deputata alla tutela e da
> essa non contenuta, e infine subita, è quella, che ben si può di-
> re politica, della costruzione del grande, spettacolare evento
> di vasta risonanza mediatica, immaginato capace di esaltare il
> prestigio della città e, perché no, di chi l'amministra. Una fi-
> nalità di «marketing» (secondo le parole dello stesso Renzi)
> che sacrifica la prima istanza della tutela, quella conservativa,
> e che comporta una inammissibile lesione alla integrità fisica
> del bene culturale (l'affresco del Vasari).

Qualche mese più tardi la Procura di Firenze archiviò
l'esposto, con la curiosa motivazione che gli stessi restaura-
tori dell'Opificio che avevano materialmente bucato gli affreschi, avevano poi garantito ai carabinieri che Vasari non
aveva subito alcun danno: alla faccia della terzietà della peri-
zia tecnica.

Ma l'esposto aveva comunque provocato un'altra reazione, assai più importante – in questo specifico caso – di quella
della magistratura: la sonnolenta comunità internazionale
della storia dell'arte a quel punto si svegliò davvero, e si schie-
rò accanto a Cecilia Frosinini e a Italia Nostra.

All'inizio di dicembre un appello raccolse in pochi giorni
oltre quattrocento firme dei maggiori storici dell'arte del

mondo, inclusi i conservatori di musei come il Louvre, la National Gallery di Londra, il Metropolitan di New York e i più importanti studiosi di Leonardo e Vasari. L'appello, rivolto alla soprintendente Acidini e al sindaco Renzi, suonava così:

Desideriamo esprimere la nostra grande preoccupazione per la sorte dell'affresco di Giorgio Vasari in Palazzo Vecchio a Firenze che in questi giorni viene bucato a più riprese nel tentativo di rintracciare quel che potrebbe rimanere della *Battaglia di Anghiari* di Leonardo. La dissociazione della dottoressa Frosinini, responsabile del settore pitture murarie presso l'Opificio delle Pietre Dure, ha mostrato che all'interno dell'Opificio stesso non c'è accordo sulla natura e sui rischi di questi interventi. Riteniamo del tutto improbabile che Vasari abbia sigillato qualcosa di ancora leggibile sotto un muro, e ci preoccupa che siano stati a dir poco sottovalutati i più attendibili risultati della ricerca storico-artistica, i quali mostrano che la *Battaglia* era con ogni verosimiglianza sulla parete opposta a quella che ora si sta forando. Condividiamo dunque le ragioni dell'esposto presentato da Italia Nostra alla Procura della Repubblica di Firenze, e chiediamo alla Soprintendente Cristina Acidini e al Sindaco Matteo Renzi di fermare i lavori, e di non riprenderli senza aver insediato un osservatorio terzo, formato da autorevoli specialisti di storia dell'arte del Rinascimento.

La reazione internazionale fu enorme: ricordo che mentre cercavo di vedere la superaffollata mostra di Leonardo (!) alla National Gallery di Londra, fui pregato di recarmi immediatamente negli studi della BBC, per spiegare in un'intervista le ragioni dell'appello (che avevo materialmente steso). Il giocattolo mediatico globale costruito dal sindaco di Firenze si era rivelato un'arma a doppio taglio. E se l'osservatorio, naturalmente, non fu realizzato, la campagna di foratura del Vasari si interruppe davvero.

I risultati delle analisi condotte sul materiale prelevato attraverso i fori praticati fino a quel momento arrivarono all'inizio di marzo 2012, ma non furono presentati in una rivista scientifica bensì nell'ennesima, strombazzatissima conferenza stampa convocata nel Salone dei Cinquecento, alla quale Renzi si fece accompagnare dal gonfalone del Comune, puerilmente trascinato nel ridicolo.

In quell'occasione il team guidato dall'ingegner Maurizio Seracini annunciò di aver trovato dietro l'affresco di Vasari una «intercapedine». Era tutto tranne che una novità: il fisico dell'università di Firenze Massimiliano Pieraccini, inventore del radar con cui lo stesso Seracini aveva anni prima scandagliato quella parete, dichiarò che «la discontinuità c'è, ma sull'intera parete est, e non c'è nessuna struttura localizzata che possa far pensare a una nicchia per proteggere qualcosa. Semplicemente Vasari ha costruito un muro addossato a una parete» preesistente.

Ma il clou dell'annuncio riguardò i frammenti di pigmenti che sarebbero stati rinvenuti su quel secondo muro. A Palazzo Vecchio era emerso il nero: ma non c'entravano i fondi che proprio in quei giorni il tesoriere della Margherita, Luigi Lusi, diceva di aver messo in tasca anche a Matteo Renzi. No, era il «nero Leonardo»: quello usato nella *Gioconda*.

Ora, anche ammesso che quei campioni, inferiori a un terzo di millimetro, fossero davvero dei pigmenti (il che, come vedremo, nessuno saprà mai), nulla permetterebbe di collegarli a Leonardo (e non a una qualunque decorazione pittorica presente nell'antica sala). L'idea che una certa composizione chimica sia la «prova» della presenza della *Battaglia di Anghiari* ha più a che fare con la propaganda che con la scienza. Per fare una simile affermazione (comunque concettualmente spericolata, perché Leonardo non aveva un'esclusiva chimica), ci vorrebbe una lunga analisi differenziale che dovrebbe basarsi su banche dati di fatto inesistenti.

In ogni caso, uno dei pochi luoghi dove un'indagine del genere avrebbe potuto essere condotta è un'istituzione pubblica, e si trova proprio a Firenze: è l'Opificio delle Pietre Dure, che ha al suo interno le rarissime competenze scientifiche, tecniche e storiche il cui serrato confronto è necessario per provare a venire a capo di simili, complicatissime ricerche. E, invece, quando – durante quella conferenza stampa – un giornalista chiese al nuovo soprintendente dell'Opificio, Marco Ciatti, cosa pensasse dei risultati, questi rispose che non poteva esprimersi, perché all'Opificio non era stata data la possibilità di ripetere le indagini. I risultati provenivano, infatti, da un laboratorio privato di Pontedera di cui si serve la Piaggio (non proprio l'apice della ricerca scientifica applicata alla storia dell'arte!), e non erano stati verificati da nessun istituto terzo rispetto al team di una ricerca che lo stesso Renzi aveva definito finalizzata «al marketing».

Le evidenze scientifiche si assodano provando e riprovando, diceva Galileo: ma in questo caso non c'erano elementi né per approvare, né per disapprovare, si doveva semplicemente credere, come si crede a un articolo di fede. E allora proviamo a credere che trivellando a casaccio Vasari siano saltate fuori proprio le sostanze che appaiono in testa all'elenco che Google sputa quando si digitino nel campo di ricerca le parole *Leonardo* e *pigments*. Sia pure un tale miracolo, ma allora perché Maurizio Seracini e Matteo Renzi non avevano fatto ripetere gli esperimenti all'Opificio?

Sulla base di questi dati «a prova di bomba» Renzi chiese al ministro Ornaghi di fare della ricerca della *Battaglia di Anghiari* una delle più grandi e cruciali questioni della politica culturale di questo Paese. In questi toni sobri e misurati era finalmente possibile leggere un progetto per la crescita del paese: il Grande Fratello della storia dell'arte. Ma, attenzione: si annunciava assai breve il passo dal *reality show* verso la realtà più cruda. A margine della conferenza stampa, il sindaco dichiarò alla Reuters di sperare che la tecnologia avrebbe permesso di ammirare contemporaneamente Leonardo e Vasari, ma che, dovendo scegliere, lui avrebbe scelto Leonardo. Nel mitico laboratorio di Pontedera si era evidentemente svolto il primo esperimento di eugenetica della storia dell'arte.

Nonostante tutto questo, i titoli della stampa italiana, l'indomani, furono – al solito – proni ed entusiasti: tutti o quasi parlavano di «prove».

Il più entusiasta fu Armando Torno, che scrisse sul *Corriere della Sera*: «che poi la pittura murale sia scomparsa, o non ci sia, o si vedano solo i frammenti, poco conta. Là lavorò Leonardo». L'inventore del «manifesto per la cultura» del *Sole 24 Ore* (motto: «la cultura fattura») continuava in questi termini:

> La *Battaglia di Anghiari* ha trovato – giustamente – degli esperti che invitano alla prudenza. Nessuno, però, potrà fermare ricerche, sondaggi, ipotesi, il giallo internazionale che si sta alimentando, i non addetti ai lavori che aggiungono conferme alle loro ipotesi. Quel che Leonardo ha solo pensato è già realtà. Quel che ha lasciato interrotto diventa laboratorio. Anche di fantasia.[56]

Renzi e Torno coglievano nel segno: quel che oggi davvero buca lo schermo è il mistero, non la realtà; la distrazione suggestiva, non la verifica empirica; l'evasione fantastica, non la

---

56. Armando Torno, «I misteri della Battaglia di Anghiari riaccendono la febbre per Leonardo», *Corriere della Sera*, 13 marzo 2012.

critica del reale. Vince chi parla solo alla parte irrazionale, insomma, non chi cerca di costruire e difendere argomenti misurabili. E poco importa se stiamo parlando non di Cagliostro, ma di Leonardo, la cui intera visione del mondo si potrebbe riassumere in questa sua frase: «Certo il cimento delle cose dovrebbe lasciar dare la sentenzia alla sperienzia».[57] Se i media fossero stati alla «esperienza», cioè alle regole della conoscenza scientifica, la clamorose «prove» dell'esistenza in vita della *Battaglia di Anghiari* annunciate nella conferenza stampa di Renzi sarebbero scomparse come neve al sole molte ore prima dell'uscita dei giornali.

Ma ormai il vero obiettivo dell'azionista forte dell'operazione, cioè National Geographic, era raggiunto: il 20 marzo venne trasmesso in mondovisione il documentario che diede come una notizia, anzi come una verità scientifica, il ritrovamento del Leonardo perduto. Quel rosario di enormità meriterebbe di essere commentato minuto per minuto: ma non si può non dar conto almeno del passaggio in cui Maurizio Seracini ferma un trapanatore, nel timore che sia andato così lungo da forare l'intatta *Battaglia di Anghiari* che si immagina subito dietro, così patinata da esser pronta per tutte le copertine del mondo. Autosatira? Temo di no. Ovviamente né in quella trasmissione, né (più gravemente) nel suo succedaneo prodotto dal servizio pubblico Rai – e cioè una puntata dell'abissale *Voyager* di Roberto Giacobbo – si fece alcun cenno all'opposizione della comunità internazionale degli storici dell'arte. Ma è in fondo comprensibile: cosa c'entra l'intrattenimento blockbuster con la ricerca scientifica? Dopo aver mandato a dormire alcuni milioni di persone di tutto

57. In *Scritti d'arte del Cinquecento*, a cura di Paola Barocchi, Ricciardi, Milano-Napoli 1971, II, p. 239.

il mondo con la ferma convinzione che di lì a pochi mesi avrebbero potuto visitare il capolavoro ritrovato, le operazioni, nel Salone, si fermano.

È in piena estate, come sempre, che Renzi rilancia. E lo fa con una lettera in cui chiede alla soprintendente Acidini di poter fare altri buchi su Vasari: tanto erano certi i dati sbandierati a marzo. Se all'Italia è toccato il «presidente operaio», Firenze non sfugge al «sindaco storico dell'arte». Non conosco altri casi (beninteso, nelle democrazie occidentali) in cui il capo di un governo (per quanto cittadino) firmi una lettera ufficiale in qualità di responsabile e garante di una ricerca scientifica. È ciò che avviene nella missiva del 18 luglio, che ha trasformato definitivamente la sua personalissima «caccia al Leonardo» in una ricerca di Stato (e Maurizio Seracini in uno storico-scienziato di corte).[58] «Siamo in presenza di una serie di dati accertati», scrive il sindaco storico dell'arte. Un'affermazione decisamente spericolata, che serve a coprire un'ammissione clamorosa: «il quantitativo di materiale prelevato nei punti di passaggio individuati dall'Opificio non è risultato sufficiente per ulteriori analisi di laboratorio, motivo per il quale dovrebbero essere effettuati nuovi prelevamenti di campione». E questa è sostanzialmente una dichiarazione di bancarotta scientifica: è la candida confessione che la conferenza stampa di marzo e il documentario con il quale National Geographic ha messo a reddito il suo sostegno all'operazione erano fondati su un esperimento non ripetibile. Già, perché se anche i nuovi prelievi si ripetessero, e se «per caso» l'Opificio non trovasse le stesse sostanze, a quel punto la vicenda si avviterebbe in un eterno

58. *Corriere Fiorentino*, 18 luglio 2012.

stallo tra chi potrà provare che ora non ci sono più, e chi comunque continuerà a sostenere di averle trovate, ma poi di averle (destino cinico e baro!) del tutto consumate nel mitico laboratorio ponterese.

Infine, Renzi scrive che il «professor Maurizio Seracini» avrebbe pubblicato tale ricerca «su riviste scientifiche». E l'allusione è a *Medicea*, una rivista il cui direttore non è uno storico dell'arte né uno scienziato, ma il giornalista fiorentino portavoce di Cristina Acidini, autore di libercoli infarciti di madornali sfondoni storico-artistici.

La medesima Cristina Acidini rispose che non si potevano fare nuovi fori, ma che si potevano semmai reinfilare le sonde in quelli ormai aperti, e prelevare altro materiale per nuove analisi. Di fronte a questa equilibrata, anche se un po' ipocrita, risposta della Soprintendenza, Renzi alzò il tiro, e a Ferragosto scrisse un'irrituale letteraccia all'evanescente ministro Ornaghi[59] che diceva: «Caro ministro, la città di Firenze non accetterà mai...», per continuare in questi termini: «Non le abbiamo chiesto la luna», la sua è una «posizione pilatesca». E ancora «se Ella e i suoi collaboratori preferiscono prendere tempo, non esprimendosi, non sarà la mia amministrazione a giocare al rinvio», perché «noi siamo seri». E poi la bordata finale: «se il ministro oggi ha paura ad autorizzare ciò che viene autorizzato costantemente in tutti i restauri del mondo, aspetteremo che cambi Governo». Ornaghi, in verità, non aveva fatto proprio nulla (il che, bisogna riconoscere, gli riusciva perfettamente). Ma il rottamatore non distingue tra decisioni tecnico-scientifiche dei funzionari del

59. La lettera è riportata qui: http://www.lanazione.it/firenze/cronaca/2012/08/13/758113-renzi_scrive_ministro_ornaghi_ricerca_sulla_battaglia_anghiari_sospesa.shtml

Mibac e competenze del ministro: per lui tutto è nella disponibilità della politica. Cioè nella sua. Quindi prende carta e penna, e giù insulti a Ornaghi in nome e per conto della «città» (con cui si identifica, come il Re Sole con lo Stato).

E la lettera è un testo chiave per chi vuol capire Matteo Renzi, il più incredibile portatore sano di cultura che si muova sulla scena della politica italiana: nel senso che ne parla in continuazione senza esserne minimamente affetto. «Le ricerche dell'ingegner Seracini, supportate dalla città di Firenze [...] hanno prodotto risultati inoppugnabili [...] sotto il Vasari c'è un'opera pittorica». Falso. Come si è visto, Seracini ha prelevato dietro il Vasari dei campioni che ha fatto analizzare in laboratori di sua fiducia, e poi ha comunicato (in conferenza stampa, non in sede scientifica, si badi) che era stato rivenuto del colore, e un colore che avrebbe usato solo Leonardo. Nessun laboratorio terzo ha potuto fare delle controanalisi, e dunque bisogna fidarsi della parola di un team sponsorizzato da un canale di docufiction. E ora che la Soprintendenza di Firenze gli concederebbe di reinserire le sonde nei fori già praticati sul Vasari, e dunque gli offrirebbe una chance di poter finalmente dare un corpo scientifico a questa carnevalata, ebbene Renzi che fa? La butta in rissa, e insulta Ornaghi dicendo che o si stacca Vasari o niente. Un modo scomposto di uscire dall'angolo e di gettare sabbia mediatica negli occhi degli osservatori internazionali, che a questo punto cominciano a perdersi nei meandri di una vicenda sempre più italicamente surreale.

«Per correttezza ho il dovere di dirLe» – è ancora Renzi a Ornaghi – «che la Città pubblicherà la ricerca di Seracini». E questa è davvero meravigliosa: una città che pubblica una ricerca scientifica. Nemmeno nella Russia sovietica il controllo dell'autorità politica sulla ricerca e sulla conoscenza era così diretto. Renzi non promuove, non sostiene, non auspica: no, lui pubblica, come se fosse il CNR o un intero dipartimento universitario. Il municipio di Parigi concede borse di studio che consentono a giovani italiani che studiano, non so, il greco di condurre liberamente la loro ricerca: il Comune, anzi la Città, di Firenze se ne guarda bene, ma pubblica direttamente le *proprie* ricerche.

A metà settembre, si smontano mestamente i casotti di tubi Innocenti da cui il sindaco dava la caccia al Leonardo fantasma di Palazzo Vecchio: tutto nel più rigoroso silenzio stampa. Anche i più neutrali osservatori supponevano che Renzi avesse qualche asso nella manica, vista tanta sicumera. E tutti si chiedevano come, alla fine, ne sarebbe uscito. Ora lo sappiamo: quando rischiava di diventare evidente che le prove strombazzate in mondovisione non avrebbero retto a un minimo esame terzo, Renzi ha rovesciato clamorosamente il tavolo: «Non trovo Leonardo, perché non mi lasciano lavorare!» La retorica è esattamente quella di un berlusconiano nativo.

La città di Renzi non forma cittadini con la sua storia e con la sua arte pubblica, ma produce clienti con la caricatura della ricerca scientifica applicata a un'arte moralmente privatizzata.

C'è del metodo in questa follia.

Veltroni più Berlusconi

Più ancora della dinamica della leggenda del nero Leonardo, è illuminante la retorica con cui Renzi ha promosso, difeso, celebrato l'impresa in un ampio post scriptum della sua newsletter telematica del 7 dicembre 2011.

Le idee centrali di quel testo hanno poi innervato *Stil novo. La rivoluzione della bellezza tra Dante e Twitter*, il libro che il sindaco ha pubblicato presso Rizzoli nell'aprile 2012. Questo «appassionato invito a rivoluzionare la politica» (come lo definisce la quarta di copertina) è basato proprio sul nesso che sta al centro del presente libro: quello tra città e cultura. Come ha notato Claudio Giunta, *Stilnovo* rivela «un uomo che fa della cultura uno dei pilastri del suo programma politico, ma che, per le cose che scrive e per il modo in cui le scrive, non sembra avere alcuna dimestichezza coi libri, né con ciò che i libri insegnano veramente».[60]

Il sindaco di Firenze ha, di Firenze, un'idea da turista semicolto. Il panorama dalla riva sinistra dell'Arno è «la cartolina più bella di Firenze»[61] e il *David* è stato pensato da Michelangelo per «impreziosire»[62] il Duomo. Duomo che, ci spiega Renzi,

> non è solo la Cupola. Ci sono decine di particolari curiosi intorno alla sua realizzazione [...] L'angelo seminascosto che solleva il braccio nell'inequivocabile gesto dell'ombrello. Avete letto bene: sulla facciata del Duomo c'è un angelo che manda a quel paese chi lo guarda. Non è strepitoso?[63]

Laddove la categoria del «curioso» è ancora più eloquente delle idiozie iconografiche: anche in Palazzo Medici Riccardi (sede della Provincia, che Renzi ha guidato prima di sbarca-

60. Claudio Giunta, «Renzi, politica e incultura», Domenicale del *Sole 24 Ore*, 12 agosto 2012.

61. Matteo Renzi, *Stil novo. La rivoluzione della bellezza tra Dante e Twitter*, Rizzoli, Milano 2012, p. 9.

62. Ivi, p. 52.

63. Ivi, p. 105.

re a Palazzo Vecchio) «ci sono molte affascinanti curiosità».[64] Fa una certa impressione che il sindaco recepisca Firenze attraverso questa aneddotica sbracata da ciceroni abusivi, un'aneddotica condita di inevitabili strafalcioni. Tutti hanno notato che Renzi crede che la battaglia di Gavinana del 1530 si sia svolta nella piazza Gavinana che le è dedicata a Firenze: ma crede anche – per dirne solo alcune – che piazza Santissima Annunziata sia stata disegnata da Leon Battista Alberti,[65] che il ritratto di Dante nella cappella del Bargello sia stato dipinto da Giotto (lo si pensava cento anni fa),[66] o che «ancora oggi l'espressione "il tocco" a Firenze indichi le 13»[67] perché a quell'ora tuonava un certo cannone (e non, come è ovvio, per il singolo rintocco delle campane e degli orologi).

Se questa è la tenuta dei dati di fatto, non è difficile immaginare quella dei giudizi: che Renzi, manco a dirlo, non lesina. E sono sempre giudizi drastici.

La Casa di Dante a Firenze, per esempio, è insopportabile perché è «dichiaratamente un falso» del tardo Ottocento: «non so quanto possa interessare al mondo d'oggi una riflessione sul rapporto tra il Trecento e la storicizzazione ottocentesca».[68] Quindi Renzi vorrebbe addirittura demolirla, e si scaglia contro le sovrintendenze che «non ce la lasciano abbattere».[69] Fosse per lui, Firenze sarebbe tutta un cantiere di facciate michelangiolesche che sorgono e di «schifezze» che

64. Ivi, p. 110.

65. Ivi, p. 123.

66. Ivi, p. 41.

67. Ivi, p. 30.

68. Ivi, p. 34.

69. *Ibidem*.

cadono: «È tutto figlio dei tempi: allora si potevano buttar giù piazze e distruggere mura, oggi si devono rispettare emerite schifezze protette – non si sa bene perché – da un nobile vincolo».[70] Fosse stato per lui, anzi, Firenze non avrebbe riavuto, dopo la guerra, il più bello dei suoi ponti: «I ponti a Firenze sono tutti falsi, eccezion fatta per Ponte Vecchio, e sono stati ricostruiti perché minati e fatti saltare dai nazisti. Non è stato forse un atto discutibile quello di copiare il progetto dell'Ammannati per il Ponte Santa Trinita?»[71] Qui, semplicemente, Renzi rivela di non sapere di cosa sta parlando: e forse confonde inconsciamente i suoi progetti di falsi storici michelangioleschi con la meticolosa ricostruzione di un'opera documentatissima attraverso le fotografie, e di cui furono ripescate perfino le pietre in Arno. Vittima del feticismo degli «originali» – e soprattutto di una spaventosa rozzezza intellettuale – egli usa a casaccio le categorie «vero», «falso», «copia». E dimentica che la generazione dei nostri padri e nonni ha voluto riscrivere quel brano di Firenze (forse la sua più prodigiosa cerniera urbana e paesistica) com'era e dov'era, proprio perché era stato annullato dall'incarnazione storica del male assoluto. Da quando è rinato, quel ponte meraviglioso non è solo un monumento del Cinquecento (il che è a tutti gli effetti, nonostante la ricostruzione), ma è anche un monumento contemporaneo: un monumento alla volontà e alla capacità di resistere al male, di vincerlo e di ricostruire la civiltà. La fortuna di nascere o vivere a Firenze, e ancor più l'onore di governarla, dovrebbero imporre almeno il dovere di impararne la lingua. E la lingua di Firenze è il suo tessuto monumentale: che tutti i suoi cittadini dovrebbero saper leggere e parla-

70. Ivi, p. 166.

71. Ivi, p. 169.

re, e i suoi amministratori dovrebbero perfino saper scrivere. È una lingua che ha il suo vocabolario, la sua grammatica e la sua sintassi: regole inscindibilmente etiche, civili, estetiche. Il punto non è l'astrazione del Bello con la B maiuscola, ma la capacità di intendere e parlare una lingua storica.

La caccia al Leonardo si basa sulla stessa, paurosa, confusione di idee.

Renzi – il quale consegna senza reticenze ai posteri la sua stroncatura di *Monna Lisa*: «diciamo la verità: la Gioconda è più enigmatica che bella»[72] – parte dalla certezza che gli affreschi di Vasari, voluti da quell'insensibile di Cosimo I («Ma il granduca non è interessato a tutte queste sottigliezze artistiche»[73]), non siano «capolavori assoluti», e dunque si possano agevolmente sacrificare:

> Rimanga fra noi, non è che l'opera pittorica del Vasari nel Salone sia un capolavoro assoluto. Tutto è tranne che la scuola del mondo, insomma. Sostituire quel Leonardo da Vinci che con i cavalli di Anghiari incanta mezza Europa con la Battaglia di Scannagallo (già il nome è tutto un programma) è come togliere Lionel Messi per inserire un qualsiasi terzino dell'Albinoleffe. Solo che certe cose si devono tacere, altrimenti gli specialisti si arrabbiano. E quindi siate cortesi, fate finta di non averlo letto.[74]

Accanto ai giudizi estetici, Renzi esibisce le «prove» storiche dell'esistenza e dell'ubicazione della *Battaglia di Anghiari*: «Vasari lascia un indizio. In una bandiera, invisibile da

74. Ivi, p. 79.

73. Ivi, p. 82.

74. Ivi, p. 79.

terra al granduca, e a tutta la sua corte [...] si legge una scritta che le analisi confermano coeva. Ed è una scritta che mette i brividi: "cerca trova"».⁷⁵ Questo breve brano merita un'analisi più approfondita. Il senso è questo: Renzi pensa che Cosimo abbia ordinato a Vasari di distruggere la *Battaglia di Anghiari* perché rappresentava una vittoria repubblicana, e che Giorgio abbia disobbedito al duca limitandosi a coprire l'intatto «capolavoro» leonardesco, e inserendo un messaggio (il «cerca trova») per gli Indiana Jones del futuro. Ed è incredibile che i suoi consiglieri, i suoi ghostwriter e i suoi editor gli abbiano permesso di coprirsi di ridicolo fino a questo punto. In primo luogo, infatti, questa idea rivela che Renzi vede davvero la storia attraverso la lente di format come *Voyager*, considerandola cioè un vago pentolone di gossip, complotti e misteri. Il sindaco-ricercatore ignora che – seguendo il modello di Augusto – Cosimo non abbatteva, ma venerava, e contemporaneamente svuotava di significato, i simboli repubblicani. E invece crede che Vasari abbia voluto e potuto lasciarci un messaggio «di nascosto dalla committenza»,⁷⁶ un'idea che contrasta in modo insanabile con i rudimenti elementari del senso storico generale, e della nostra conoscenza particolare del rapporto tra Cosimo e Vasari. In secondo luogo, nessuno ha messo al corrente Renzi che esiste una letteratura storiografica relativa a quella bandiera verde con la scritta «cerca trova», con cui Vasari allude alle insegne verdi donate dal re di Francia ai seguaci di Piero Strozzi sconfitti da Cosimo, su cui era ricamato il verso di Dante «Libertà vo cercando, ch'è sì cara», e lo fa «con pesante ironia [...] per alludere alla falsa ricerca di libertà dei fuo-

75. Ivi, p. 83.

76. *Ibidem.*

riusciti, divenuti strumento straniero e che ora trovavano il giusto castigo».[77]

Ma il passaggio forse più interessante dell'ispirata tirata renziana è quello relativo ai «brividi» provocati dalla scoperta di essere i primi a intendere il messaggio cifrato vasariano relativo al capolavoro di Leonardo. La ricerca, intende dire Renzi, è un fatto di pancia: guidata dalle emozioni e volta a produrre altre emozioni. Più in generale, essere colti, per Renzi, vuol dire essere «stupiti dal mistero»:[78] e la sorte della *Battaglia di Anghiari* è «il più grande mistero della storia dell'arte e del Rinascimento».[79] La cultura è la ricerca della «bellezza»: una bellezza fuori dal tempo e dalla storia, perché «se è morta non è bellezza, al massimo può essere storia dell'arte, ma non suscita emozione».[80] *Emozione* nel lessico intellettuale renziano è il vero sinonimo di *cultura*: «l'identità di un popolo si basa innanzitutto sulla sua cultura, sulle sue emozioni che derivano da un *idem sentire*».[81] Per Renzi la cultura è proprio quella della televisione più scadente: complotti, misteri, templari e santi graal. Evasione, vaghezza mistichaggiante, suggestione a buon mercato.

Nessuno gli ha insinuato il dubbio che studiare la storia non serva a emozionarsi, ma a educarsi all'esattezza, alla pre-

---

77. Lionello Giorgio Boccia, «Un inedito dello Stradano: la rotella Odescalchi», in *L'Arte*, 5, 1969, pp. 95-116 (III). E ora vedi anche Alfonso Musci, «Giorgio Vasari: "Cerca trova", la storia dietro il dipinto», con un'appendice di Alessandro Savorelli, «Florentina Libertas, ultimo atto», in *Rinascimento*, LI, 2011, pp. 236-68.

78. Newsletter telematica di Matteo Renzi del 7 dicembre 2011.

79. *Ibidem*.

80. Matteo Renzi, *Stil novo*, cit., p. 55.

81. Ivi, p. 37.

sa sul reale, alla capacità di modificarlo. Al contrario, egli la esalta come un libro dei sogni e della propaganda che non serve più a crescere e ad accettare e comprendere la complessità, ma a cancellare le tracce del tempo e a rimanere eternamente immaturi. Non uno strumento per formare cittadini consapevoli dotati di senso critico, ma un mezzo per continuare a plasmare un pubblico passivo, destinatario perfetto di una martellante propaganda che invita non a pensare, ma a sognare.

Ovviamente Renzi non inventa un modello culturale, ma si limita a interpretare un tratto dominante della sottocultura pop del nostro tempo, fondata «sulle parole d'ordine dell'infantilismo corrente»:[82] quella di Fabio Volo o di Alessandro Baricco, per rimanere a due suoi sostenitori. E, d'altra parte, questa onda lunga aveva già travolto la politica italiana, soprattutto grazie al più mediatico dei leader della sinistra, quel Walter Veltroni che è uno dei modelli riconoscibili del rottamatore fiorentino. Ed è appena il caso di ricordare che era stato proprio Veltroni ad appaiare, nel titolo del ministero, i *beni* alle *attività culturali* (cioè all'intrattenimento, agli eventi, allo sport): un passo decisivo verso l'imbarbarimento della nostra idea di «cultura», ormai identificata con il tempo libero.

«Io credo che i grandi eventi servano sempre per una città e per un Paese»,[83] scrive infatti Renzi in *Stil novo*. E se la retorica del sogno e dell'emozione è schiettamente veltroniana, la capacità di cavalcare i sogni e le emozioni attraverso eventi di successo ricorda piuttosto l'attività di un Marco Goldin, l'instancabile produttore di mostre blockbuster

---

82. Claudio Giunta, «Renzi, politica e incultura», cit.

83. Matteo Renzi, *Stil novo*, cit., p. 148.

nel Nordest, il quale replica così alle critiche degli storici dell'arte: «Credo nelle emozioni, non nella conoscenza per pochi sapienti».[84]

La «ricerca della *Battaglia di Anghiari*» è stata prodotta esattamente come un format dell'impresario Matteo Renzi, così come la mostra *Raffaello verso Picasso* è un format dell'impresario Marco Goldin. E questo è vero anche tecnicamente: la caccia al Leonardo ha un vero e proprio produttore. Si tratta della società fiorentina Once Events, «agenzia di riferimento territoriale che supporta la ricerca scientifica in corso per conto di National Geographic Society»: una società che ha sede allo stesso piano del palazzo di via Tornabuoni che ospita la Fondazione Florens (curiosa coincidenza, vero?). Once Events ha prodotto eventi come *Firenze è... Natale!* 2012, o *Un vigneto in Piazza della Signoria* (celebrazione del decimo anniversario del ristorante e wine bar dei Frescobaldi): ma ha anche organizzato la sfilata di Stefano Ricci agli Uffizi (vedi l'inizio del secondo capitolo di questo libro), e ha curato (cito il sito web della società) «la comunicazione internazionale per la presentazione del volume: *La Prima Medusa. Caravaggio*». Quel libro sdogana come autografa un'evidente copia (in collezione privata, ovviamente) della celeberrima *Medusa* di Caravaggio agli Uffizi, con il conforto del parere di storici dell'arte ottimisti e delle

prove scientifiche rilevate dagli studi del Prof. Maurizio Seracini, ingegnere e direttore del Center of interdisciplinary science for art architecture and archaeology (UCSD), che ha illustrato sul maxi schermo, le fasi di realizzazione dell'opera, le sfumature non visibili ad occhio nudo di ciocche di capelli, ed

84. *Il Giornale di Vicenza*, 4 ottobre 2012.

ha sottolineato le difficoltà tecniche incontrate dal Merisi durante la realizzazione del capolavoro evidenziabili, per esempio, dalla presenza sul lato sinistro del volto di Medusa, di un occhio differentemente posizionato e dalla conseguente inclinazione differita della bocca.[85]

Insomma, tra format della stessa casa di produzione ci si può dare una mano, no?

D'altra parte, Matteo Renzi non è capace di salvare le librerie fiorentine o il Maggio Musicale, ma di organizzazione di eventi se ne intende. Nel 2006, quando era presidente della Provincia di Firenze, fece stanziare 1.850.000 euro per l'inaudito baraccone del *Genio Fiorentino*. Ben 1.050.000 euro di questo budget erano destinati alla comunicazione, affidata alla società «in house» della Provincia Florence Multimedia, diretta da Matteo Spanò, amico personale di Renzi. Spanò, oltre a essere presidente del comitato nazionale degli scout cattolici, è anche socio di Eventi6 (la società a responsabilità limitata di cui la famiglia Renzi detiene la maggioranza delle azioni, e che ha incassato centinaia di migliaia di euro dal Comune di Firenze quando Renzi era già sindaco),[86] capo della società di marketing Arteventi e presidente del Museo dei Ragazzi (ovviamente per nomina del suo amico e socio sindaco).

Già, perché la cultura, oltre a essere sogno ed emozione, è per Renzi anche una concretissima macchina da soldi da guidare senza andare troppo per il sottile. Si potrebbero fare

---

85. http://oncevents.com/ru/works/27/La-Prima-Medusa.-Caravaggio.html

86. Marco Lillo, «Il sistema Renzi: amici, famiglia, potere. E un fascicolo sull'uso dei fondi pubblici», *Il Fatto Quotidiano*, 8 ottobre 2012.

molti esempi dell'occupazione sistematica dei luoghi della cultura fiorentina durante i pochi anni dell'amministrazione Renzi: ma basterà ricordare che la guida del glorioso Gabinetto Vieusseux è stata affidata all'ex assessore alla Cultura e *spin doctor* della campagna delle primarie Giuliano Da Empoli. Che è un ragazzo intelligente: ma che sta al Vieusseux come io potrei stare a un circolo del golf. Nel cda del Gabinetto, per sovrammercato, Renzi ha piazzato pure l'ineludibile Marco Carrai, amministratore delegato della potentissima Firenze Parcheggi (collocato dal sindaco anche nel Consiglio d'amministrazione dell'Ente Cassa di Risparmio di Firenze, cassaforte cittadina). E i casi sono due: o anche i parcheggi distillano sogni ed emozioni, o la gestione del sindaco rottamatore è un tantino vetero-lottizzatrice, e dunque del tutto impermeabile alla valutazione della competenza specifica.

Anche da questo, cruciale, punto di vista lo stile di Renzi è tutto tranne che nuovo. Ma non è questo che, qui, interessa.

Preme più sottolineare che sia nella newsletter del dicembre 2011, sia in *Stil novo* la retorica dolciastra e la superficialità pop alla Veltroni si saldano a una ben più truce maschera da Caimano.

Renzi non ama l'università, e nemmeno la scuola. Quando gli capita di scrivere sciocchezze su Firenze, rassicura i lettori: «non è che vi dovete preparare ad un esame universitario, state assaggiando una città».[87] Se deve spiegare che Dante è vivo, specifica che non è «noioso come la spiegazione di un professore arrugginito».[88] E, proprio lui che nomina gli amici suoi alla guida del Vieusseux e dei musei comunali, addita

87. Matteo Renzi, *Stil novo*, cit., p. 23.

88. Ivi, p. 35.

le «commissioni universitarie»[89] come il culmine dell'abiezione nepotistica (cosa, peraltro, spesso vera).

L'unica istituzione che disprezza più dell'università è la Soprintendenza:

> La cultura dovrebbe essere il baluardo di una sfida identitaria. Ma anche una scommessa economica in grado di creare posti di lavoro, di far crescere la platea di utenti, di evitare l'arroccamento della casta delle sacerdotesse e dei sacerdoti delle sovrintendenze. Sovrintendente è una delle parole più brutte di tutto il vocabolario della burocrazia. È una di quelle parole che suonano grigie. Stritola entusiasmo e fantasia fin dalla terza sillaba. Sovrintendente de che?[90]

Professori e soprintendenti sono colpevoli di lesa maestà, perché hanno osato intralciare la marcia trionfale del marketing delle emozioni. Invece di rispondere ai più importanti storici dell'arte di tutto il mondo, che gli hanno chiesto di smettere di bucare gli affreschi di Vasari per cercare il Leonardo fantasma, il sindaco dirama una letterina piena di insulti verso questi «presunti scienziati», accusati di non essere «stupiti dal mistero» a causa di un «pregiudizio ideologico». E nel libro rincara la dose:

> Quelli che ci hanno etichettato come cercatori d'oro di quel particolare West che si chiama marketing, senza fare lo sforzo di capire cosa muovesse la nostra curiosità, ovvero il desiderio profondo di cercare e ricercare, provare e riprovare, fallire e ripartire. Il desiderio che ci fa essere donne e uomini e non solo numeri seriali. E penso agli studenti di questi professoro-

89. Ivi, p. 40.

90. Ivi, pp. 50-51.

ni. Mi domando con quale fiducia ascolteranno adesso le loro lezioni, le riflessioni di coloro che hanno anteposto la propria pigrizia alla realtà. Intanto Seracini ha dimostrato che lì sotto, contro tutte le previsioni, c'è un dipinto. E se i professionisti dell'invidia non ci ostacoleranno troppo, riusciremo anche a tirarlo fuori.[91]

La violenza denigratoria di Renzi è davvero impressionante: se non siamo al «culturame» di Scelba, poco ci manca. Ma il modello è molto più immanente: è Silvio Berlusconi, che non a caso è il più ardente fan del giovane rottamatore. E il modello berlusconiano ispira sia la violenza con cui si attaccano i «professionisti della cultura che pretendono di fare a pugni con la realtà e con l'innovazione», sia l'uso disinvolto di vere e proprie menzogne: già, perché, come si è visto, Seracini non ha dimostrato un bel nulla. E anche la conclusione, pateticamente arrogante, della newsletter merita di essere ricordata, perché teorizza l'estromissione della competenza scientifica in nome di una gestione diretta della ricerca da parte della politica: «Che peccato! Risolveremo il mistero di Leonardo anche per loro e per la loro vocazione. Per loro, nonostante loro...»

Questo vero e proprio odio per il sapere e i sapienti meriterebbe un'analisi a sé: anche in questo caso Renzi non fa che intercettare e amplificare un vento che spira nel paese. Un paese che accetta e favorisce le differenze basate sul censo e sullo status ereditario, e dunque le differenze contro il merito, e mal sopporta invece l'idea che esista un'élite fondata sulla conoscenza e lo studio: quell'élite dei «professionisti della cultura», dei «professoroni» contro cui si scaglia Renzi. Rispondendo nel dicembre del 2012 alle incalzanti (si fa

91. Ivi, p. 86.

per dire) domande di Massimo Giletti, Berlusconi ha detto che «Mario Monti è umanamente gradevole, *ma è un professore*»: una colpa irredimibile. Con questa dichiarazione, Berlusconi ha coronato vent'anni di insulti agli intellettuali italiani. E Renzi è ben avviato sulla stessa strada.

Come Goldin, Renzi crede nelle emozioni, non nella conoscenza dei sapienti. E i sapienti, allora, sono d'intralcio.

CONCLUSIONE

Il primo rappresentante della generazione Bim Bum Bam[92] che rischia di guidare l'Italia è un uomo che non sa di cosa parla. Paolo Nori lo ha suggerito in una pagina illuminante:

> Il nuovo libro di Matteo Renzi, che si intitola *Stil novo*, mi sembra molto difficile da riassumere. Si apre con un'epigrafe di Camus («La bellezza non fa rivoluzioni, ma viene il giorno che le rivoluzioni hanno bisogno di lei») e parla di molte cose: di bellezza, di Firenze, dell'Italia, dell'America, del mondo. Di Dante, di Leonardo da Vinci, di Michelangelo, di Savonarola. Dei fiorentini, dei toscani, degli italiani, degli americani. [...] Ecco: a me è sembrato stranissimo, che in tutte le 193 pagine di questo libro sulla bellezza non sono riuscito a trovare una

92. L'allusione è al libro di Alessandro Aresu, *Generazione Bim Bum Bam*, Mondadori, Milano 2012, un libro utile a comprendere la matrice «tv commerciale» dello stile renziano.

.frase che mi sembrasse non dico bella, ben fatta. A un certo momento mi è tornato in mente Camus quando, nei suoi taccuini, pensa a quel che avrebbe voluto ancora fare, nella sua vita, e scrive: «Ma soprattutto, soprattutto, rifare a piedi, con lo zaino sulle spalle, la strada da Monte San Savino a Siena, costeggiare quella campagna di ulivi e di viti, di cui sento ancora l'odore, percorrere quelle colline di tufo bluastro che s'estendono sino all'orizzonte, e vedere allora Siena sorgere nel sole che tramonta con tutti i suoi minareti, come una perfetta Costantinopoli, arrivarci di notte, solo e senza soldi, dormire accanto a una fontana ed essere il primo sul Campo a forma di palmo, come una mano che offre ciò che l'uomo, dopo la Grecia, ha fatto di più grande. Sì, vorrei rivedere la piazza inclinata di Arezzo, la conchiglia del Campo di Siena e mangiare ancora i cocomeri per le strade calde di Verona. Quando sarò vecchio, vorrei che mi venisse concesso di tornare su quella strada di Siena, che non ha eguali al mondo, e di morirvi in un fossato, circondato soltanto dalla bontà di quegli italiani conosciuti, che io amo». E mi è venuto da pensare che Camus, quando parlava della bellezza, era come un falegname che parlava del legno, sapeva quel che diceva.[93]

Camus, straniero in Italia, ha una visione profondamente civile della bellezza: una bellezza e una storia che gli appartengono, e a cui sente di appartenere. Il fiorentino Matteo Renzi ha della sua città quella che Christopher Lasch chiama «una visione turistica del mondo [...] che non è esattamente una prospettiva che possa incoraggiare un'ardente devozione per la democrazia».[94] Nonostante tutta la stucchevole retorica vernacolare dell'appartenenza, Renzi è profondamente estraneo alla tradizione culturale fiorentina, mentre è radicatissi-

93. *Il Fatto Quotidiano*, 18 aprile 2012.

94. Christopher Lasch, *La ribellione...*, cit., p. 13.

mo nella prassi dello sciacallaggio del passato che da due secoli è un modo, forse il modo principale, di essere fiorentino.

Un leader che non appartiene alla città, e a cui la città non appartiene. Un primo cittadino che è un non-cittadino. Allo stesso modo, Renzi non ha nulla a che fare con il suo partito, il Partito Democratico. Più profondamente: Renzi non ha nulla a che fare con la mediazione della forma partito, e più in generale con un popolo. Il suo modello culturale è quello di tante singole individualità connesse dalla televisione, non quello di un popolo che costruisce l'eguaglianza civica e sociale in luoghi pubblici.

Matteo Renzi ha un posto d'onore in questo libro non perché sia un caso unico: ma perché è l'esempio più paradigmatico di un'involuzione generale. Usando il patrimonio storico e artistico della sua città come arma di distrazione di massa ad alto impatto mediatico, il sindaco di Firenze è assai rapidamente diventato il politico professionista più a proprio agio nel violare il significato civile dell'arte del passato, clamorosamente ridotta ad alienante fabbrica di clienti (e, in particolare, di acquirenti di un format politico).

Ma Renzi è solo più bravo e veloce degli altri sindaci: tutte le cosiddette «città d'arte» italiane, piccole e grandi (da Padova, dove i grattacieli minacciano la Cappella degli Scrovegni di Giotto, fino a Siracusa, dove il Teatro Greco viene trasformato in un autodromo in cui far rombare le Ferrari), si avviano velocemente a diventare templi del mercato, strumenti di distruzione del senso critico, mattatoi della cittadinanza, fabbriche di clienti, set cinematografici per turisti-comparse.

Per Carlo Cattaneo (1858) le nostre città erano il «principio ideale delle istorie italiane»,[95] per Giulio Carlo Argan (1972) il

95. Carlo Cattaneo, *La città...*, cit.

«fondamento unitario delle manifestazioni artistiche italiane»:[96] ma oggi nessuna forza politica sembra avere un progetto che non sia il potenziamento dello sfruttamento turistico attuale. E, almeno in questa cruciale materia, le differenze ideologiche tra Renzi, Orsoni, Alemanno e De Magistris si devono semmai cercare nelle sfumature, non nella sostanza.

Alla fine del 2012 questo pensiero unico è stato riassunto perfettamente nella deprimente e imbarazzante paginetta che l'Agenda Monti riserva all'«Italia della bellezza, dell'arte e del turismo».[97] Nemmeno una singola parola è dedicata al valore civile del patrimonio storico e artistico, mentre l'idea chiave è che «investire nella cultura significa anche lavorare per rafforzare il potenziale del nostro turismo, poiché già oggi cultura, bellezze naturali ed enogastronomia sono i pilastri della nostra attrattiva».

Non c'è niente di nuovo: su questo dogma si fonda l'industria culturale che sta trasformando il patrimonio storico e artistico della nazione italiana in una Disneyland che forma non cittadini consapevoli, ma spettatori passivi e clienti fedeli. È a questo dogma che dobbiamo la privatizzazione progressiva delle città storiche (Venezia su tutte), e un'economia dei beni culturali che si riduce al parassitario drenaggio di risorse pubbliche in tasche private, socializzando le perdite (l'usura materiale e morale dei pochi «capolavori» redditizi) e privatizzando gli utili, senza creare posti di lavoro, ma sfruttando selvaggiamente un vasto precariato intellettuale. È grazie a questo dogma che prosperano le strapotenti società di servizi museali, le quali lavorano grazie a un opaco si-

96. Giulio Carlo Argan, Maurizio Fagiolo, «Premessa all'arte italiana», in *Storia d'Italia*, I, *I caratteri originali*, Einaudi, Torino 1972, pp. 734-35.

97. http://www.agenda-monti.it/proposals/19

stema di concessioni e stanno fagocitando antiche istituzioni culturali e cambiando in senso commerciale la stessa politica del Ministero per i Beni culturali. È in omaggio a questo dogma che la storia dell'arte è mutata da disciplina umanistica in «scienza dei beni culturali» (e infine in una sorta di luna park intellettuale), e che le terze pagine dei quotidiani si sono convertite in inserzioni a pagamento. Appare, insomma, realizzata la profezia di Bernard Berenson, che già nel 1941 intravide un mondo «retto da biologi ed economisti dai quali non verrebbe tollerata attività o vita alcuna che non collaborasse a un fine strettamente biologico ed economico»; un mondo in cui ci sarebbe stato spazio per «ricreazione fisiologica sotto varie forme, ma di certo non per le arti umanistiche».[98]

Da storico dell'arte, penso che se il nostro patrimonio storico e artistico, e cioè il tessuto unico delle nostre città, non genera futuro in termini di cittadinanza, integrazione, eguaglianza costituzionale e vita sociale, allora non serve a niente, e non vale la pena di conservarlo. Se la Firenze antica non genera, magari anche lacerandosi, una moschea, ma viene sterilizzata e liftata oscenamente nel luna park dei Leonardo fantasma, o nel set di lusso dell'enogastronomia, allora Firenze è vana, e anzi dannosa.

Ernst Gombrich ha scritto:

Se crediamo in un'istruzione per l'umanità, allora dobbiamo rivedere le nostre priorità e occuparci di quei giovani che, oltre a giovarsene personalmente, possono far progredire le discipline umanistiche e le scienze, le quali dovranno vivere più a lungo di noi se vogliamo che la nostra civiltà si tramandi. Sa-

98. Bernard Berenson, *Estetica, etica e storia nelle arti della rappresentazione visiva* (1948), Abscondita, Milano 2009, p. 28.

rebbe pura follia dare per scontata una cosa simile. Si sa che le civiltà muoiono.[99]

La morte delle città e la sparizione dei cittadini sono il primo sintomo della morte della nostra civiltà: il destino atroce dell'Aquila dimostra che siamo vicinissimi al punto di non ritorno.

La Costituzione ha consegnato solennemente il patrimonio storico e artistico ai cittadini sovrani: e forse è venuto il momento di riprendercelo davvero.

Perché è dal cuore antico delle cento città d'Italia che potrebbe partire quell'azione popolare dei cittadini appassionati al bene comune su cui Salvatore Settis ha scritto pagine ardenti.[100]

Se torneranno ad essere governate dai cittadini per i cittadini, le nostre cosiddette «città d'arte» possono ancora resuscitare la loro funzione plurisecolare: possono di nuovo dare forma e alimento a una vita civile la cui missione principale dev'essere, oggi, quella di fornire un modello culturale alternativo al mercato, di favorire l'integrazione tra italiani e immigrati, di permettere la frequentazione reciproca di classi diverse ormai chiuse in luoghi e vite nettamente separati.

Le nostre città, e la loro arte, non servono a trasformarci in turisti, ma a farci cittadini sovrani, e a farci tutti uguali.

È ancora possibile: dipende da noi.

99. Ernst Hans Gombrich, «Discipline umanistiche sotto assedio. La crisi delle università», in *Argomenti del nostro tempo. Cultura e arte nel XX secolo*, Einaudi, Torino 1991, p. 32.

100. Salvatore Settis, *Azione popolare. Cittadini per il bene comune*, Einaudi, Torino 2012.

INDICE

TITOLI DI CODA

Le pietre e il popolo.
Restituire ai cittadini l'arte e la storia delle città italiane
di Tomaso Montanari

editing	Christian Raimo
impaginazione	Enrica Speziale
correzione delle bozze	Martina Testa
	Enrica Speziale
progetto grafico	Riccardo Falcinelli
stampa	Arti Grafiche La Moderna
promozione e distribuzione	Messaggerie Libri

al momento in cui questo libro va in stampa
lavorano a minimum fax
con Marco Cassini e Daniele di Gennaro:

direttore editoriale	Martina Testa
direttore commerciale	Piero Rocchi
ufficio stampa	Alessandro Grazioli
	Rossella Innocentini
editor collana Nichel	Nicola Lagioia
editor collana Indi	Christian Raimo
redazione	Dario Matrone
	Enrica Speziale
ufficio diritti	Lorenza Pieri
redazione web	Valentina Aversano
amministrazione	Benedetta Persichetti
rapporti con le librerie	Antonia Conti

responsabile magazzino	Costantino Baffetti
libreria minimum fax	Francesca De Cesare
minimum fax media	Arianna Bonazzi
organizzazione corsi	Barbara Bernardini
	Valeria Veneruso
minimum fax live	Mattia Cianflone

www.minimumfax.com

Indi

MINIMUM FAX CINEMA – NUOVA SERIE

Sotterranei

Questo libro è stampato su carte dotate di certificazione FSC.
Per il testo: carta Musa delle cartiere Burgo.
Per la copertina: carta Symbol Freelife Satin delle cartiere Fedrigoni.

finito di stampare presso Arti Grafiche La Moderna – Roma
per conto delle edizioni minimum fax

ristampa	anno
10 9 8 7 6 5 4	2013 2014 2015 2016